Arthur Raumair

Über die Syntax Heinrichs von Valenciennes

Programm der königlichen Studenanstalt Aschaffenburg für das

Studienjahr 1887/88

Arthur Raumair

Über die Syntax Heinrichs von Valenciennes
*Programm der königlichen Studenanstalt Aschaffenburg für das Studienjahr
1887/88*

ISBN/EAN: 9783744677073

Hergestellt in Europa, USA, Kanada, Australien, Japan

Cover: Foto ©Thomas Meinert / pixelio.de

Weitere Bücher finden Sie auf **www.hansebooks.com**

Über die Syntax

Heinrichs von Valenciennes.

Von

Dr. Arthur Raumair,

k. Studienlehrer.

PROGRAMM

der

Königlichen Studien - Anstalt Aschaffenburg

für das

Studienjahr 1887/88.

Würzburg.

Königl. Universitäts-Druckerei von H. Stürtz.

1888.

Vorbemerkung.

Die unter dem Titel „Histoire de l'empereur Henri, par Henri de Valenciennes" bekannte Chronik bildet eine Fortsetzung zu Ville-Hardouins berühmtem Werke: Conquête de Constantinople, dem sie auch von Natalis de Wailly in seiner grossen Ville-Hardouin-Ausgabe, Paris, Firmin-Didot, anhangsweise beigegeben wurde. Dieselbe besteht aus einer eingehenden Schilderung der Heereszüge, welche Kaiser Heinrich von Konstantinopel (1207 — 16) als neuerwählter Schirmherr des lateinischen Kaiserreiches von 1207 bis ungefähr 1209, zur Befestigung seiner Herrschaft gegen auswärtige und innere Feinde unternahm und mit Erfolg zu Ende führte. In der uns vorliegenden Form erscheint diese Chronik als Fragment. Ob das Werk überhaupt unvollendet geblieben, oder die Fortsetzung desselben verloren gegangen ist, kann zur Zeit nicht entschieden werden; ebensowenig ist es möglich, über die Persönlichkeit des Verfassers bestimmte Anhaltspunkte zu gewinnen; dass dieselbe, wie vermutet wurde, mit Kaiser Heinrich selbst identisch sei, konnte bis jetzt durch nichts erwiesen werden. Jedenfalls aber scheinen die zuweilen breiten Erzählungen und weitläufigen Schilderungen, aus denen jedoch überall Genauigkeit und Wahrheitsliebe spricht, der Feder eines Augenzeugen zu entstammen, und sind daher beachtenswert, wenn auch nirgends die edle Einfachheit und Grösse Villehardouins erreicht ist.

Der Dialekt, welchem die Sprache unserer Chronik angehört, ist, wie sich sofort erkennen lässt, das Pikardische. Im Besonderen besitzt derselbe nach den Ergebnissen einer Untersuchung Natalis's de

1*

Wailly (Langue de Henri de Val.) grosse Ähnlichkeit mit der Mundart, in welcher eine Urkundensammlung von Aire im Artesischen verfasst ist, und welche als der reinste Typus für das Nordpikardische gelten mag. Es liegt also kein Bedenken vor, dem Verfasser, wie er es selbst schon durch Annahme seines Beinamens gethan, das benachbarte Valenciennes im Hennegau als Heimat anzuweisen.

Die im Folgenden versuchte Darstellung erstreckt sich auf die Syntax der flexiblen Wortarten, und schliesst sich nach äusserer Anlage und Einteilung A. Haase's rühmlichst bekannten „Syntaktischen Untersuchungen zu Villehardouin und Joinville, Oppeln 1884", an. Durch Beibehaltung derselben Anordnung des Stoffes soll ein fortlaufender Vergleich mit den aus jenen Autoren beigebrachten Erscheinungen ermöglicht, und damit die Würdigung der sprachgeschichtlichen Stellung unseres Denkmales erleichtert werden. Da Haase's Abhandlung für alle Abschnitte dieser Arbeit benützt wurde, so bedienen wir uns zur Anführung derselben an den betreffenden Stellen der Abkürzung „H."; ebenso bezeichnen wir Henri de Valenciennes durch „Val." — Der Text wird nach den Paragraphen der grossen Villehardouin-Ausgabe von Wailly zitiert.

I. Die Kasus.

A. Der Nominativ.

Wie bei Villeh. (H. 1) ist auch bei Val. der Nominativ als Subjekt noch in vollster Ausdehnung gebraucht, und nur in einem einzigen Falle, als logisches Subjekt bei être, durch den später eindringenden Akkusativ ersetzt: *il estoient bien laiens set cens ki asses estoient fol* 661. Der in f. B. als scheinbar logisches Subjekt auftretende Akk.: *et fu droit une nuit saint Piere, le premerain jour d'aoust* 525 erklärt sich als ein in freier Weise gebrauchter Akk. der Zeit. — Einer nicht ganz seltenen Erscheinung des Altfranzösischen, der zufolge nach Präpositionen wie *jusques à*, oder Adverbien der Menge: *plus de, moult de* u. ähnl. (H. 2) der Nominativ des Subjektes statt des Akk. vorkommt, entspricht der Nom. nach *fors*, der gleichfalls aus einer Konstruktion nach dem Sinne hervorgegangen ist: *et de toz cels ke je vous ai chi nommes n'en i ot nul ki s'i assentesist, fors Aubretins, ki sires ert d'Estiues, et li chanceliers Pieres Vens.* 600.

Im prädikativen Verhältnisse begegnet der Nom. statt des Akk., abgesehen von der Kongruenz des Partiz. reflexiver Verba mit dem Subj. (s. Partiz.), sehr selten: *ensi se tienent coi une grant pieche* 664., und stets bei *nomen habere: ki Lyenars avoit.non* 508., *si ot non li uns Roimondins, li autres Sohiers li Paneliers, et li autres Franques de Chausmes* 676, etc.

Für den Nom. des Prädikats ist nur in f. B. der Akk. eingedrungen (s. H. 3): *et faites ke vous n'i soiés pierdant* 582. (vous = Sing., und wird als apostrophierendes Fürwort auch sonst so behandelt, z. B.: 626).

B. Der Kasus obliquus ohne Präposition.

1. Die Verwendung des Kas. obl. als possessiver Genetiv unter den bekannten Bedingungen war bei Villeh. „eine sehr häufige, gegen den modernen Gebrauch ganz entschieden überwiegende" (H. 4). In u. T. dagegen erlitt dieselbe eine bedeutende Einschränkung durch den Gebrauch des Subst. mit de, die in folgendem Verhältnisse ihren Ausdruck findet:

a) Der unbezeichnete Genetiv erscheint 22 mal: *li tres l'empereour* 514; *l'oriflambe l'empereour* 521; *le parole Nostre Segneur* 522; 524; *le gent Burile* 528, 531, 536, 543; *le mort Jhesu-Crist* 537, ib.; *les anemi Jhesu Crist* 538; *as piés l'empereour* 546; *le mant l'empereour* 584; *en non Dieu* 592; *l'oes l'emperreis* 598; *de le compaignie l'empereour* 511; *le commandement lor segneur* 638; *iert de le maisnie Guillaume de B.* 652; *au bailliu Burille* 619; *li freres le marcis* 661; *les galies Ravan de Nigrepont* 664; *fu freres Simon de Galaing* 633.

b) de mit Subst. 24 mal: *aide de Diu* 523; *bannis de le glore de Nostre Segneur* 534; *vers le bataille de Burile* 540; *en la bataille de l'empereour* 543; *et en toute le menour* (sc. *bataille*) *de Burile* ib.; *li forche et l'aide de l'empereour Henri* 545; *par le fil dou marchis* 566; *par les miracles de Diu* 563; *le droit de l'enfant* 577; 596; *doubles drois de l'empereour* 579; *sor le cort de l'empereour de Rome* 581; *li hounours de l'empereour* 582; *le droit de le dame* 596; *par l'enfant dou marchis* 599; *pour le patrie de l'enfant* ib.; *le desfiement de le dame* 604; *juskes à le volenté de l'emperreis* 605; *l'ounour de l'enfant* 606; *le mandement dou conte* 623; *par le divine soufranche de Nostre Segnour* 632; *le castiel et le tour dou vesque de Sabba* 637; *le parole de lor Segnor* 692; *le mariage de vostre frere et de se fille* 694.

Anmerkungsweise mag hier erwähnt werden, dass der unbezeichnete Genetiv nie bei Substantiven vorkommt, die mit dem unbestimmten Artikel, oder mit einem Adjektiv (ausser adjekt. Possess.) versehen sind, wie z. B.: *l'ayue et le forche d'un haut home* 505; *par le predication del boin empereour Henri* 527. — Ausserdem dient, wie in der ganzen alten Sprache, auch die Präposition à zum Ausdruck des possessiven Verhältnisses, was für u. T. jedoch nur selten zutrifft: *home à l'empereour* 546; *l'enfant au marchis* 562.

Der auch sonst selten auftretende Kas. obl. als **objektiver** Genetiv (H. 4) erscheint in u. T. nur 1 mal: *le serviche Nostre-Segneur* 523; 524.

A n m.: Neben regelmässigem de findet sich zum Ausdruck dieser objektiven Beziehung, ebenfalls à: *tel accroissement à l'empire de Const. et si grant essauchement à le Eglise de Rome fist Nostre Sires as crestiens* 544, neben *il vous doinst accroissanche de vostre hounour* 559; *ki est aussi comme tos embrasés de l'amour à le damoisele* 556; *et en fu Robiers de Mancicourt messages à l'empereour* 646.

Als Genetiv der **Benennung** kommt der Kas. obl. lediglich bei Personennamen vor: *le patre nostre saint Julien* 544; *le terre Largut* 584; *le Bras Saint Gorge* 552; *au moustier Saint Dumystre* 597. Daneben: *au val de Phelippe* 629; *chou est une eglyse c'on dist „de Nostre Dame"* 681; während vor sächlichen Eigennamen immer de eintritt: *l'empire de Coust.* 544; *toute le terre de Duras* (Dyrrachium) 584 etc.

2. Als **Dativ** ist der Kas. obl. bei Villeh. und Joinv. nicht mehr häufig (H. 5), in u. T. nur noch vereinzelt anzutreffen:

a) mit akkusat. Sachobjekt: *le mant l'empereour ont il tant courtoisement dit et despondu, ke auques ont fait Michaelis le cuer amoliier* 693; *et conta monsegneur Cuenon l'aventure* 624; *li Lombart venoient por nostre gent faire anui* 627.

b) Das Sachobjekt ist ein Satz mit que, meist bei mander: *et por chou n'est-il mie remes ke il n'aient mandé deus fois u trois le marchis Guillaume de Montferras ke il venist à eus* 603; ebenso 668; aber auch: *et li trahitres manda à l'empereour ke il est aperelliés de jurer* 687. — Der Dativ (à mit Subst.) findet sich 679. Auffallend ist, dass *prier* mit unbezeichnetem Dativ u. folgendem Objektsatze, eine Konstruktion, welche den Übergang zum späteren *prier q. que* bildete, u. bei Villeh. die Regel ist, in u. T. niemals Anwendung gefunden hat. Vgl.: *je vous prie à tos communement ke tous soiés hui cest jor freres li uns à l'autre* 527; 523; *et jou pri à monsegneur l'empereour ke il me tiegne à droit* 610. — Mit pron. pers.: 605, 626, 560.

c) Bei *plaire*: *et ne plache Diu ke ...* 663; und in dem formelhaften, noch im 16. Jh. vorkommenden: *se Diu plaist* 527, 538, 548, 664 u. oft.

3. Als **Akkusativ** war der Kas. obl. im Afrz. sehr gewöhnlich, und unterschied sich nur wenig von seinem Gebrauche im Neufrz. — Als **Prädikatsakkusativ** kommt er in u. T. nur selten ohne Präposition vor: *dont fist le jour de le Ciephane li empereres chevalier l'enfant à moult grant honnour* 605; *dont je vous ferai segnour* 548; *car il ne les trovera mie vrais amis* 659. — Sonst nimmt das Prädikat meist à oder pour zu sich, z. B.: *tourner à anui* 603, 585; *t. à honte* 588; *donner à moillier* 547; *molt se tenoient à decheus* 628; *se tienent à bien paiés de lui* 641 etc.

Der adverbiale Akkusativ bezeichnet bei Val. noch alle jene Beziehungen, in denen er sonst im Afrz. gebraucht wurde (Ort, Zeit, Entfernung, Mass, Art u. Weise bei Verben der Bewegung), und bietet daher zu keinen besonderen Bemerkungen Anlass; wir führen deshalb nur einige wenige Beispiele hiezu an: *il s'en torna le petit pas* 511 *vous ne seres hui devant moi le montant de quatre piés* 530; daneben: *il n'avoient onkes oï dire ke chil grans fluns fust engielés au montant de l'espesse d'un seul denier* 567; *et ke il ne prisoient l'empereour le montanche d'un denier* 635 etc. — Die Einschränkungen, welche der Akk. der Zeit auf die Frage „wann" erleidet, und die bis ins 17. Jh. hereinreichen (H. 9), beziehen sich in u. T. auf folgende wenige Fälle: *Sire, teus hom comme vous iestes, ne se doit mie si folement departir de ses homes comme vous à ceste fois vous en iestes departis* 512; *à cele fois* 521, 531; *à celui matin* 531; *au Noel* 572. — In Verbindung mit der Formel *ce vient* treffen wir stets nur den ursprünglichen Dativ, nie den Akk. an (vgl. H. 9): *quant che vint au demain ke li solaus fu levés* 506; *et quant che vint à l'endemain par matin* 524 u. oft; *quant che vint au quart* 572.

Von Akkusativen, welche, in Begleitung eines prädikativen Adjektives resp. Partizips, einem **lateinischen Ablativ** entsprechen (H. 10), sind notiert: *et il meïsmes i vint lui dixisme de chevaliers* 642; *sauves lor vies et lor membres et lor avoirs* 634; *saus lor cors* 660 u. öfter; *et se feri en els l'espée traite* 508; *quant il virent liu et lans, cascuns endroit soi, lanche baissie, hurte cheval des espourons* 539; *Lombars! banieres desploïes* 628; *François lor keurent sus, lanches baissies* 629. — Die im Afrz. häufige Verwendung des Part. resp. Gerund. von *veoir* mit dem Akkus. = dem lat. Ablat. absol. (H. 11) begegnet nur 1mal: *et puis le couronna voiant tos* 605.

II. Die Pronomina.

A. Das Personale.

1. Die ursprünglichen betonten Akkusativformen, die sich im Afrz. zuweilen, vom 15. Jh. an jedoch häufiger als Nominative finden (H. 11), kommen in u. T. als solche noch gar nicht vor. In Betreff der Form des Personales der 3. Person, die für das mascul. *lui*, u. für das fem. gewöhnlich *li* lautet (über Abweichungen hiervon s. Förster, chev. as II esp. LXVI), ist zu bemerken, dass das einzige Beispiel u. Textes, in welchem eine Beziehung auf das fem. stattfindet, ebenfalls, wie stets das masc., *lui* aufweist: *et puis est demourés par deviers lui* (sc. *l'emperreris) en prison por tant d'afaire comme vous aves oï* 610.

2. Der Kasus obliquus des betonten Pronom. als Akkus. und Dativ in unmittelbarer Abhängigkeit von dem Verbum finitum war dem Afrz. geläufig, kommt aber vom 14. Jh. an nur mehr selten vor (H. 12). In u. T. lässt sich dieser Gebrauch noch vereinzelt für den Dativ, nicht mehr jedoch für den Akkus. nachweisen: *Dex li pardoinst ses pechiés, et nous les nostres!* 576; *biaus Sire Dex, dist-il, plaise vous ke nous hui nos puissons vengier* 529; *por Diu, souviegne-vous des preudomes anciens* 534; *Sire cuens, sire cuens, fait soi Cuens de Biethune* 586. — Ferner: *et li pria por Diu, se lui plaisoit, ke il couronnast son fill* 605. Dass *lui* hier als betontes Pronomen fungiert, ist mit Sicherheit aus der strengen Regelmässigkeit zu erschliessen, mit welcher überall in u. T. zwischen unbetontem *li* u. betontem *lui* unterschieden ist. — Endlich erscheint der betonte Akkus. bei einer heute nicht mehr statthaften Ellipse des Verbums: *et lues ke li empereres le vit, si le salua, et Aubretins lui* 572. — Was *lor* betrifft, so haben wir seine im Afrz. nicht gerade seltene Verwendung als betontes Pronomen (H. 14) in u. T. nicht angetroffen, es wird daher auch in f. B. eher als unbetont, denn als betont betrachtet werden müssen: *Lombart lor corurent sus* 624; *et Grifon lor saillirent, si les prisent tos et les ochisent* 633.

Beim präpositionalen Infinitiv (Beispiele für den reinen Inf. fehlen
in u. T.) ist, einem allgemeinen Gebrauche zufolge, stets das betonte
Pron. zu finden (H. 13). Die Beispiele für das Pron. im Dativsinne
ohne à sind: *'et por aus donner confort* 511; *ki tout estoient entalenté
d'aus faire anui* 515.

3. Der Kasus obliquus mit der Präposit. à im Dativver-
hältnis, wo kein Nachdruck auf das Pronomen gelegt werden soll,
hat sich teilweise bis ins 17. Jh. erhalten (H. 14). Für diesen Gebrauch zeugen in u. T. folgende Stellen: *et quant il fu montés, si
armés et si aparelliés comme à lui convint, bien sambla prinches* . .
519; *comme à lui convenoit* 541; *ne onkes à moi ne fisent seurté
ne sairement de par mon fill* 608; *si manderent au connestable ke
il venist parler à aus* 667; *et li trahitres mande à l'empereur ke il
est aparelliés de jurer sor sains ke jamais ne sera contraires à lui*
687; *je vous diroie bien por coi jou obéissoie à eus* 603.

4. Das Reflexivpronomen *soi*, das im Afrz. und bis ins 17. Jh.
von sehr ausgedehntem Gebrauche war, erscheint bei Villeh. u. Joinv.
nur selten (H. 15); dasselbe gilt für Val., wo es nur in einem Beispiele auf eine bestimmte Person (im fem.) bezogen wird, sonst aber
immer das unbestimmte *cascuns* reflektiert: *elle est entechie de toutes
boines teches ke damoisele doit avoir en soi* 555; *prenge cascuns
reconfort en soi-mesmes* 520; *il est mestiers ke cascuns soit preudon
et loiaus endroit soi* 520; ebenso 524; 539. Wie Villeh.,
bezieht auch Val. in letzterer Wendung manchmal *lui*, neben *soi*, auf
cascuns, wie dies nach Lücking, frz. Gr. § 221 noch heute üblich ist.
Bei Labruyère ist bereits das Possess. eingetreten: *en leur endroit*
(Zeitschrft. für neufranz. Spr. IX, 4, p. 95): *et puis lor dist k'il
pensassent, cacuns endroit lui, dou bien faire* 516. — In Verbindung mit dem Ordinalzahlwort treffen wir die betonte Form des
pers. pron. 3. Person, nicht mehr *soi* (vgl. Diez, Gr. III 18): *et il
meismes i vint lui dixisme de chevaliers* 642. (Näheres hierüber
s. Wailly, Mémoire s. la langue de Joinville, Paris 1868, pag. 15.

5. Von den unbetonten Pronom. erfordert zuerst das neutrale
il eine nähere Betrachtung. Dasselbe war in der alten Sprache gewöhnlich entbehrlich (H. 16). Im Vergleiche zu Villeh. ist für Val.
eine bedeutende Zunahme des modernen Gebrauches zu konstatieren,
demzufolge sich die Auslassung des il nur auf gewisse, formelhafte
Wendungen beschränkt. Es ergiebt sich für die Setzung und Nicht-

setzung des il in u. T. folgendes Verhältnis: *il* fehlt 67 mal (darunter 5 Subjektssätze ; il gesetzt 63 mal (darunter 13 Subjektssätze). Bei dieser Gelegenheit mag auch des N e u t r u m s, des P a r t i z. oder A d j e k t. Erwähnung geschehen, das stets neutrale Form zeigt, gleichviel ob es sich auf ein *il* (*ce*) bezieht, oder ob dieses nicht gesetzt ist: *car il estoit molt durement gielé et negié* 575; *de chou ke vous iestes acreu, est-il biel à monsegneur* 576; *et chou ke chil cinq en diroient, fust tenu por droit jugement* 604; *et de tel gent ki n'avoient mie molt grant volonté d'acroistre l'ounour de l'enfant, si comme fu puis seu par droite prouvanche* 606; *lorsk'il seroit anuitié* 620; *et Pieres Vens dist ke bien seroit fait* 623; *quant il seroit enseri* 640; *boin seroit ke* 667. — Mit der Flexion des *masc.* findet sich dagegen: *Voirs fu ke ...* 601; *si comme drois fu* 542.

Zu den Fällen, in denen sich das Bedürfnis nach einem formalen Subjekte am spätesten einstellt — wie schon bemerkt, ist demselben auch im Neufrz. noch nicht überall genügt — gehören die e c h t u n - p e r s ö n l i c h e n A u s d r ü c k e, zu denen nur *il*, nie das demonstr. *ce* treten konnte; dieselben daher auch in u. T. das grösste Kontingent der unter Nr. 5 aufgeführten Beispiele. Bei den übrigen scheinbar subjektslosen Ausdrücken tritt schon früh ein demonstr. *ce* auf, und weist a) auf den vorhergehenden Satz in seinem ganzen Zusammenhange hin, oder b) auf einen folgenden Subjektssatz. Doch sind c) noch einige Überreste jenes älteren Gebrauches zu verzeichnen, demgemäss das Subjekt aus dem Vorhergehenden zu ergänzen ist. — d) Endlich konnte mit dem neuen Auftreten von *il* (illud) jenes vor- oder zurückdeutende *ce* auch durch *il* ersetzt werden, so lange dies letztere noch seine ursprüngliche, etymologische Kraft bewahrte. Das zurückdeutende *il*, das sich überhaupt nur selten findet (H. 18), wich bald dem modernen *celu*, während das vordeutende *il* noch heute seine Herrschaft behauptet. Die Stellen sind:

ad a): *che n'a mestier* 586; bei venir: *quant che vint au demain* 516, 522, 524, 572, 506, 596; bei être: *ke che peust estre se verités non* 567, 654, 602, 654, 563, 559, 513, auf einen Bedingungssatz zurückweisend: *s'il ju esmaiés, che ne fait pas à demander* 552, 591, 557, 569, 686; *se elle auques en fu espoentée, che ne fu mie mervelle* 507, daneben auch: *chou n'estoit mie mervelle se Deu voloit consentir* 598; *mais se il en ceste esperanche le feissent, che fust auques priés de raison* 562; bei valoir: *ke vaut chou?* 508, 538, 541, 543 etc.

ad b) *et diroient ke che ne fust mie legiere cose de lui cachier hors de le tierre* 567; *chou les a hui si en rubis ke il nos troverent ier un poi travelliés* 535; *et de chiaus ki ciéent, c'est niens ke il mais aient pooir del relever* 539.

ad c): *si comme drois fu* 542; *dont molt fu grans damages* 525; *et fu droit une nuit saint Piere* 525; *et Pieres Vens dist ke bien seroit fait* 623; *sire, dist li cuens, or ne vous caut* 616, 535; *et non porquant, s'il i fust remes, trop fust vilaine cose à nous* 513; *et quant li comte de B. oï ceste response, molt li torna à grant anui* 585; *par Diu, sire cuens, ki nous vaurroit le terre tolir, trop nous en deveroit peser* 578; *fust hui u. demain* 592.

ad d): *si comme il fu puis seu* 606; *s'il vous vient à plaisir* 529; *chil as quels il fu commandé, poinsent premiers* 542; *mais il remest à chou ke il ne plot à Nostre Segneur* 553; *mais il ne sera pas ensi comme il cuide* 562; *s'il ne remaint en eus* 574; *et faites si, por Diu! s'il estre puet ne droit, ke ceste pais viegne entre nous* 587; *car s'il ne fait ensi comme vous aves oï, jà chaïens ne seres herbregiés* 590.

6. Die **unbetonten Fürwörter** waren bis ins 16. Jh. **entbehrlich** (H. 18), und zwar a) als **Subjekt**. Als solches fehlt es in u. T. in den ersten 50 Paragraphen 47 mal (meist nach si), während es 178 mal gesetzt ist. Für die sonst zuweilen begegnende Auslassung desselben im Fragesatze haben wir keinen Beleg zu verzeichnen. Die Verwendung der 3. Person Plur. des Verbums zur Bezeichnung einer unbestimmten Person (H. 19) ist nicht ungewöhnlich, z. B.: *cele nuit n'orent en l'ost fors ke grant joie et grant solas* 544; *li empereres vint à Berua; là dormirent le nuit* 508.

b) Die bekannte **Weglassung der Akkusativobjekte** le, la, les (H. 20) findet bei Val. nur dann statt, wenn der Dativ eines Pronomens 3. Pers. folgt: *et tout li haut home ki illuec estoient en present, li loerent ke il li doinst* 548; *et dist ke il aussauroit le castiel. se il ne li rendent* 673; ebenso bei *otriier* 594, 602; *mander* 623; *non porquant li cos li coula sour le bras diestre, si ke poi s'en failli ke il ne li esloça* (dislocare) 631; *puis li relaira savoir au plus tost k'il pora* 694. Namentlich scheinen die modalen Adverbien *ensi*, *si comme* das Objektspronomen, wie auch das prädikative *le* entbehrlich zu machen: *et quant li empereres oï chou, il dist à ses homes ke bien lor otrioit ensi* 561; *et dist au castelain le mandement dou conte,*

s i c o m m e il li mandoit 623, 637; *car à tel pais, c o m m e il devi-
soient, ne se porent assentir* 668 — *et ke li empereres en soit
honneres si avant c o m m e il doit* 563, 576; *et se C. de Bethune
fu dolans, N. de Mailli et P. de Douay ne furent mie moins* 579
erklären sich aus Ellipsen des Prädikats. — Aber doch auch: *si comme
vous le saves bien et comme il le reconnut* 576. — Endlich ver-
missen wir die Aufnahme eines vorausgehenden O b j e k t e s, die im
Neufrz. durch l e bewerkstelligt wird: *et chou ke vous aves desierci,
si aies* 626.

An m.: Für die sonst sehr übliche Konstruktion e i n e s Objektes
zu 2 koordinierten Verben, von denen eines den Dativ, das andere den
Akkus. regiert (H. 21), liefert u. T. nur f. B.: *si l'en ai plus laidengié
et dit de honte ke je ne deusse* 513; *dont lor redist et pria por
Diu ke . .* 580.

7. Wie in der ganzen alten Sprache, und häufig noch im 17. Jh.
(H. 21), dient auch bei Val. das Subjektspronomen manchmal zur
A u f n a h m e des bereits g e n a n n t e n S u b j e k t e s, ein Vorgang, der
bei Villeh. gar nicht beobachtet wurde (H. 22): *i c h i l E s c l a s por
chou ke il voloit avoir le forche et l'aide de l'empereour Henri, il
envoia à lui pour pais faire* 545; *par mon chief, castelains, c h i l ki
che fait à son segneur, il ne li monstre mie ke il l'aim par amours*
636; *et ki chi morra por lui, il ira ou sain Saint Abrahan pardevant
lui* 537; *et ki vausist esgarder selon ses œvres, il aroit desiervi ke on
le pendist* 662. — Mit Hindeutung auf das nachgestellte Subjekt (wobei
das Determinat. cil zu ergänzen ist): *mais chil en exploita si folement,
comme li contes devisera chi après, s' i l est ki le vous die* 680. —
Die Stellen ohne hinweisendes *il* sind: *ki dont fust là, moult peust
veir asprement paleter et bierser* 507; ferner: 513, 525, 535, 552,
564, 578, 658. — Hieran schliessen sich einige Fälle, in denen bei
wechselndem Subjekt, mit einem nachfolgenden Objektspronomen derselben Person auf das erste Subjekt zurückgedeutet wird : *et k i encore
se feindra à cestui besoing, jà Dex de glore ne li doinst hounnor* 535;
et ki ne l'ot, si l'en contint consirer 514.

Neutrales *le* wurde früher häufig z u r H i n w e i s u n g a u f e i n e n
f o l g e n d e n N e b e n s a t z gebraucht (H. 22). Wir finden nur: *et le
disent tout li nostre ke che fu uns de cels ki là fussent, ki mius le
fist* 654.

8. Die A d v e r b i e n en und y.

a) *en* (ent) in lokaler Bedeutung tritt in u. T. zu folgenden
Verben der Bewegung: *separtir* u. *départir, s'issir, se torner,
se venir, se repairier, se passer, (s') aler, (se) raler, escaper, mener, sefuir, se rafuir.* Z. B.: *d'illuec s'en vinrent
à le Panphile* 550; *et cil ki vis en escapera* 534; dasselbe Zeitwort absolut: *quant li empereres vit ke Lyenars ne pooit escaper
sans mort u sans prison* 509 etc. — Diese rein lokale Beziehung erfährt nun frühzeitig eine Erweiterung, die in das Gebiet des pro-
nominalen *en* hinübergreift, und demselben die allgemeine Aufgabe
zuweist, „in Beziehung auf den ganzen Komplex der vorherberichteten
Verhältnisse oder Ereignisse, die Sphäre anzugeben, aus welcher ein
sogleich zu berichtender Zustand, resp. Handlung hervorgeht" (H. 24).
Die einschlägigen Beispiele aus u. T. sind: *tant en i ot ke chil ki
conter les devoient en pierdirent le conte* 598; *et lor en responderont demain* 602; *et bien vous mandent ke il ne vous en
responderont autre cose* 649; *si baron li loerent ke il alast à
Salenyke, por chou ke li baron en rengent à l'empereur son droit*
560; *mais Lombart dient ki dedens sont ke il nen* (= n'en?) *ren-
deroient mie* (sc. *le castiel*) 673; *il le feri parmi le costé de le
lanche, si ke li fiers en parut d'autre part* 509; *teus gens dont vous
en remeignes sans souspechon* 617; *vées ent chi tout le consel* 583;
car toutevois jou en vœl remanoir sans souspeçon 561; *et quant
il les auront enquises* (sc. *les verités*), *si en doinsent à cascun
son droit* 581; ebenso: *s'en mettre sor* (= Neufrz. *s'en remettre à q.*)
581; *et si en series au mains retés de trahison* 582; *et en fu
Robiers de Mancicourt messages à l'empereor et dist ke* 646. — Der
Gebrauch des *en* zur Hinweisung auf einen folgenden Satz beschränkt
sich in u. T. auf die auch im Neufrz. noch geläufige Konstruktion mit
faillir: *si ke poi s'en failli ke il ne li esloça* 631, neben: *et
petit faut ke* 629.

In Bezug auf die Auslassung von *en* im Sinne eines Pron.
der 3. Pers. mit partitiv. *de* ist die altfrz. Freiheit, deren sich besonders auch Villeh. noch erfreut (H. 25), in u. T. vielfach eingeschränkt, namentlich wo Adjektiva, Zahl- und Quantitätsbegriffe (un-
best. Fürwörter), als Vertreter eines schon genannten Substantivs, meist
als Objekt zum Zeitwort treten, wie z. B.: *et li samble bien ke uns
seus jours en dure quarante* 556; ebenso: 596, 543, ib., ib., 553,
638; *li empereres cherauça et passa un flun desous le Gige, et l'ende-*

main en passa un autre plus grant 572; ebenso: 565, ib., 539, 563, 596, 633, 685, 642, 600, 654. — Als einzige Ausnahme ist zu verzeichnen: *et l'emperreis dist ke il l'en donnast seurtés. Et il dist ke il li donroit boines* 609. — Hieran schliesst sich das k a u s a l e *en* (= desto), meist bei Komparativen, wie im Neufrz.: *si l'en ai plus laidengié* 513; *et moins en seriesmes cremu* 513; *plus en sont legier à desconfire* 535; ebenso: 518, 534, 558, 577, 583.

Die wenigen Fälle der V e r n a c h l ä s s i g u n g dieses *en* sind unter die von Lücking (§ 213, II, 4) angeführte Kategorie zu subsumieren, in welcher *en* statt „eines unausgesprochenen und nicht mehr deutlich empfundenen" gesetzt wird: *mais il ne sera pas ensi comme il cuide* 562 (= n'en sera pas); *nous sommes au departir, che m'est avis* 559; *Robieres ne vaut mie tant ke je plus vous conte de lui* (= en conte) 662; *nonporquant de lui ne vous dirai-jou ore plus chi endroit* 688 (*dire* absolut, wie lat. *dixi*); *si se teust et ne dist plus à cele fois* (= n'en dit plus davantage) 531; doch auch: *et cascune partie se tiegne à chou ke il en diront* 581, 604, 682; *et Pieres de Braiescuel faisoit auté de l'autre part* (*en* f. autant) 525.

A n m.: S c h e i n b a r e Auslassung von *en* findet statt in f. B.: *et si abatirent de lor chevalier et retinrent* 665; doch haben wir es hier mit der im Afrz. sehr beliebten I s o l i e r u n g eines Satzgliedes (Hyperbaton) zu thun.

Ein p r ä p o s i t i o n a l e s Satzglied kann nachdrücklich an die Spitze des Satzes gestellt werden, ohne dass Rückdeutung durch *en* stattfindet: *et d e c h o u ke il estoient venu si priès d'eus, ne se tenoient il mie por sages* 628; *d e c h o u ke vous iestes acreu, est-il biel à monsegneur* 576. — Dieses nachdrückliche *de chou* findet sich oft, wo die neuere Sprache das schwächere *en* setzen würde: *et il respondirent ke d e c h o u ert li consuus pris* 527; *ciertes, sire, dist li marescaus, d e c h o u sui-je molt liés* 555; *et d e c h o u furent Grifon moult dolent* 567; *d e c h o u fu li empereres mervelleusement iriés* 626; *et d e c h o u esparst li nouciele par tout le païs* 684. — Das partitive *en* kann auch durch das pronominale Objekt *le* vertreten werden: *et puis s'est un petit desjeunés de pain bescuit et de vin. Si fisent li autre* (*ki l'orent*); *et ki ne l'ot, si l'en convint consirer* 514; *car ja de vous ne ferai vilonnie, se vous avant ne le faites enviers moi* 602. — Endlich konnte, einem allgemeinen Gebrauche zufolge (Z. f. rom. Ph. V, 365) im Afrz. das z w e i Sätzen gemeinsame n o m i n a l e

Objekt im 2. Satze fehlen, ohne dass dafür ein zurückweisendes Pronomen eintrat: *il i ot si grant plentés de los biens comme on paroit soushaiter por cors d'ome a aissier* 557.

Y in lokaler Bedeutung wurde, wie *en*, in der älteren Sprache oft so gebraucht, dass ein Hinweis auf eine bestimmte Ortsangabe nicht vorlag, oder doch nicht mehr deutlich zu erkennen war. Z. B.: *mais por chou ke jou ne voell mie k'i tourt à aucun à anui de tant traitier sor mon prologhe* 503; *prenge cascuns reconfort en soi-mesmes, car desconfors n'i vaut noient* 520; *k'i vaut alongemens?* 532; *par me foi dont, n'i sai-jou autre cose* 585; *cele nuit deviserent lor batalles, et ordenerent ki poinderoit premerains se che venoit à l'assembler. Si i esgarderent Pieron de B. et N. de Mailly* 522; *et il s'enfuirent toutes voies comme chil ki plus n'i oserent atendre* 543; *or voelle Diex ke li paine de cascun i soit emploié si comme il set ke mestiers lor est* 563. Ebenso: 513, ib., 511, 512, 526, ib., 542, 568; 582, 585, 654, 656. — Die häufigste Verwendung fand dieses y in der Formel *il y a*, und hat in diesem Zusammenhange im Neufrz. seine etymologische Kraft zum Teil eingebüsst, so dass noch anderweitige Ortsbestimmungen dazu treten können. Im Afrz. konnte dasselbe auch **fehlen**, namentlich, wenn der Satz bereits eine Ortsbestimmung enthielt. Das Verhältnis der einzelnen Fälle ist in u. T. folgendes:

b) y fehlt, ohne dass der Ort sonst bezeichnet ist: *et lor n'avoit de toute nostre gent armés fors ke l'arriere-garde et l'avant-garde* 506; 527, ib., 543, 608, 623, 665, 667.

2. y fehlt bei vorhandener lokaler Bezeichnung: *Car en cascune de nos batailles n'avoit ke vint chevaliers* 543; 543, 585, 631, ib., 665, ib.

Anm.: Häufig bedient sich die ältere Sprache der Adverbien là, illuec, ens, wo der neueren ein einfaches, tonloses y genügt: *Esclas s'ent vint droit à Salembrie por se feme: illuec le trova* 536; ebenso: 504, 664, 666 etc. — *et si peust on bien avoir alé deus grans liues avant k'il fussent ens entré* 575; ebenso: 603, 682 etc.

3. y ist gesetzt, ohne dass der Ort sonst bezeichnet ist, zurückweisend auf eine mehr oder minder deutlich ausgesprochene Ortsangabe: *asses en i ot de mors* 563; ferner: 517, 519, 526, 549, 557, ib., 571, 583, 596, ib., 597, 600, 620, 629, 633, 638 etc.

4. y ist gesetzt bei schon angegebenem Orte, wie: *et saciés ke moult en i ot à cele empointe d'o chis et de navrés* 539; *il feroit volentiers païs à aus, s'il offroient cose ù il i evust raison* 648.

Anm.: y zur Hinweisung auf einen folgenden Satz lässt sich aus u. T. nicht belegen. — Aus einem euphonischen Grunde wird, wie heute noch, y nicht gesetzt vor i r a i: *mais jou iroi* 682, u. sonst.

B. Das Possessivum.

1. Die im Afrz. häufig vorkommenden betonten Formen mit dem bestimmten Artikel zeigt Val. nur an f. Stellen: *le nostre gent* 508, 520; *le nostre partie* 519; *en le nostre aide* 520; *de le soie tierre* 586; *en le nostre tierre* 589; *le vostre baillie* 610; *li nostre message* 621.

Ebenso selten erscheint das betonte Pronomen mit dem unbestimmten Artikel: *une soie fille ke il avoit* 547; *sor un sien cheval* 509, 659; *une moie fille* 693; *un sien frere* ib. — Andrerseits ist dasselbe noch nirgends durch die moderne Fügung mit dem possessiven Genitiv (une de mes filles) ersetzt.

Als Prädikats-Adjektiv findet sich, wie noch˙ heute, die absolute Form ohne Artikel: *li cans sera nostres* 535; 545; *li pechiés en seroit vostres* 582; *li chités est moie* 682.

2. Der Genitiv des persönlichen Fürwortes statt des Possessivums (H. 28) ist nur e i n m a l anzutreffen: *l'empereur notre segneur et de vous* 576.

3. Die Verwendung des Possessivums, wo der Besitzer bereits durch ein persönl. Fürwort genügend bezeichnet ist (H. 28), wird von Val. sorgfältig vermieden. Wir finden nur: *chil Burilles li avoit tolue se tierre en trahison* 505; neben: *ki nous vaurroit le terre tolir* 578.

4. Bei gewissen Ausdrücken der Bewegung bedient sich die moderne Sprache des attributiven Possessivums, wo im Afrz. wie Deutschen ein Personale im Dativ steht (Lück. § 223). Bei Val. sind diese beiden Konstruktionen vertreten: *et virent à lor encontre venir bien juskes à trois cens* Blas. 565, — *ki lor vienent à l'encontre* 663; *li coit au pied* 549.

2

C. Das Demonstrativum.

1. Als Neutrum kennt das Afrz. nur ce, dessen Gebrauch erst im 16. Jh. durch das jüngere cela eingeschränkt wird. Dieses ce wird gebraucht:

a) wie noch heute, als Subjekt bei être, wo es auch fehlen kann (s. p. 13); ebenso bei valoir (ib.); in ce vient erscheint bei Val. (wie bei Joinv.) dieses ce ausnahmslos, bei Villeh. dagegen nur einmal (H. 29).

b) als Akkusativ, an Stelle des modernen cela. Belege sind auf jeder Seite zu finden. Im besonderen ist zu erwähnen, dass ce bei Verben des Sagens und Denkens, welche in die direkte Rede eingeschaltet sind (H. 29), nicht so selten vorkommt, wie bei Villeh. (gar nicht) und Joinv. (1 mal). Die Stellen sind: *Car hon, che dist, ki son segneur faut à son besoing, ne doit avoir respons en court* 571; *et tant i menra gent, ke se on ne l'i laist entrer volentiers, ke il i enterra, che dist, par forche* 616; *car il vaurra, che dist, jesir au punt* 651; *et puis ke il vaurront aler contre raison, jà puis, che dist, n'aront aide de lui ne des siens* 667 (ib. ohne ce: *dist li connestables*); *il arint à une Pent ecouste, che dist Henris, ke li empereres ert à séjour en Constantinoble* 504; *il n'a encore, che dist, de vous eus homages ne sairemens* 576. — Stets fehlt, wie hieraus ersichtlich, in dieser Wendung das Subjektspronomen; vgl. dagegen: *fait-il* 516, 520, 576, 561; *dist-il* 529, ib., 574 etc.

Ce, bei être, zur Hinweisung auf einen nachfolgenden (oder auch vorangehenden) Subjektssatz, erscheint in u. T. nur in den Seite 11 angeführten Beispielen, bei denen jedoch der Nebensatz stets in hypothetische Form gekleidet ist. Die Verwendung des ce zur Unterstützung eines Satzes mit que, welcher Subjekt zu einem anderen Verbum als être ist (H. 30) kann belegt werden durch: *chou les a hui si enruhis ke il nos troverent ier un poi travelliés* 535. — Ebenso bietet Val. nur ein Beispiel für ce als Akkusativ in gleicher Funktion: *Raoul, Raoul! n'est-il mie bien drois ke nous vos vengons cierement le honte e le soufraite et le malaise ke vous nos fesistes soufrir devant Cristople, et chou ke* (= den Umstand, dass) *vous nos fesistes gesir as cans sous le giclée et sor le noif, sans loge et sans parellon* 636. — Ebenso in Abhängigkeit von einer Präposition: *mais nous ne sommes mie encore à chou mené, se Diu*

*plaist, ke nous vœllons si lost pierdre chou ke nous avons con-
questé* 578.

2. Ci**s** und c i l sind bei Val., wie im Afrz. überhaupt, in ihren.
adjektiv. und pronominal. Funktionen durchaus nicht geschieden.
Doch ist im einzelnen folgendes zu bemerken: Die Stellen, in denen Formen
von iste substantivisch gebraucht werden, weisen nur den N o m. P l u r.
des masc. *chist* auf, während bei Villeh. (H. 31) noch ce**s**te, ce**z**,
ce**s**tui, ce**s**ti so angewandt werden: *chist parlerent ensamble et
disent* 583; *tout chist se sont mis en chemin por aler a le Serre*
611. — Auch von den adjektiv. gebrauchten Formen sind ce**s**tui,
ce**s**ti, ci**s** verloren gegangen, und es bleiben nur noch für den
S i n g u l.: N o m. u. A k k u s. ma**s**c.: *ce**s**t* (vor Vok. 2 mal, vor
Kons. 5 mal).

„ „ „ „ fem.: *ce**s**te* (15 mal), *che**s**te* (1 mal),
cette (1 mal).

P l u r. *ce**s*** 522, 565, 615; *che**s*** 684.

Wir entnehmen hieraus, dass der adjektiv. Gebrauch den substantiv.
fast ganz verdrängt hat.

Als substantivische Formen von i l l e sind nur zu verzeichnen:
der A k k u s. S i n g. *celui: à nul jor de se vie n'avoit veu plus biel
jour de celui* 531; *et s'il pooient avoir celui en lor aide* 505. —
Der N o m. S i n g. *chil: mais chil en esploita si folement* 680. —
N o m. P l u r. *chil: chil chevaucierent tout desarmé* 564.

Der adjektivische Gebrauch des Demonstr. i l l e erstreckt sich auf
folgende Formen:

N o m. S i n g. und P l u r. ma**s**c.: *chil Sire* etc., 8 mal.

∫A k k u s. S i n g. ma**s**c.: *cel flun* etc., 9 mal,
l „ „ „ *à celui matin*, 7 mal.

Auch hier bedeutet das Eindringen von *celui*, sowie das Abnehmen
des substantiv. *chil* gegenüber Villeh. und sogar Joinv. (H. 33) eine
Annäherung an den neufranz. Gebrauch. Einen bedeutenden Teil
seines Gebietes musste das adjekt. Demonstr. an das neu erscheinende
ce abtreten, wofür Belege nicht nötig sind.

Als d e t e r m i n a t i v e P r o n o m i n a gelangen ausschliesslich
Formen von i l l e zur Verwendung, und zwar in grossem Umfange:

a) Vor einem Relativum: *chil ki sont en Roumenie* 507, 40 mal. —
celui ki 639. — *cels (chels) ki*, 9 mal. — *cfiils (chius) ki* 568,
601. — *chiaus ki* 4 mal.

b) im Anschluss an Adverbien: *à cels dedens* 667; *cels laiens* 622; *chil defors* 678 etc.;

c) mit nachfolgendem de und Substantiv wie noch im 17. Jhrh.; *cels de Flandres; chiaus de l'empire* 501 etc.

cil zur Vertretung eines vorhergehenden Substantivs war im Afrz. durchaus gebräuchlich (H. 33), und lässt sich, wenn auch nur für wenige Fälle, in u. T. nachweisen: *si nous en meterons sor le dit de le court de Rome, ou sor celi de France* 581; *li empereres vint en cele tierre si comme en celi ke il cuide de son droit avoir* 570 (*celi =* fem.).

Für die noch im Mittelfrz. beliebte Wendung, in welcher *chil* sich dem Sinne eines indefin. Pronomens (aucun) nähert (Chassang, nouv. gr. fr. 282) sind als Belege zu notieren:

a) lat. ut qui, utpote qui: *lors commanda li empereres ke li os chevauçast, comme chil ki molt avoit grant desirrier de trouver Burille, son anemi* 506; ebenso 509, 518, 532, 543, 555, 564, 568, 571, 654, 661, 663. Dafür steht einfaches qui in der Bedeutung personne: *eusi fu li empereres trois jors à Negrepont, c'onkes ne trova ki li fesist ne deist cose ki li despleust* 684.

b) in Verbindung mit il y a begegnet celi in gleichem Sinne häufig bei Villeh. und Joinv. Wir finden statt dessen einmal nul (das auch Joinv. in diesem Falle manchmal anwendet): *et de tos cels ke je vous ai chi nommés, n'eu i ot nul ki s'i assentesist, fors Aubretins* 600.

D. Der bestimmte Artikel.

1. Über den Gebrauch des bestimmten Artikels bei Zahlbegriffen ist zu bemerken: Attributives l'un beschränkt sich in u. T. nur noch auf das Substantiv partie (fast ebenso bei Villeh. s. H. 36): *de l'une partie* 525; *li une partie* 668. — Bei der Gegenüberstellung von un und autre finden wir den Artikel: *l'empereres vait se batailles ordenant et destraignunt de l'une partie. El Pieres de Braiescuel faisoit auté de l'autre part* 525; aber ohne denselben: *et ensi furent tout acordé d'une part et d'autre* 679; ferner ist der Artikel vernachlässigt in: *il le feri parmi le costé de le lanche, si ke li fiers en parut d'autre part* 509. — ambo, mit Artikel: *car li sans li raioit par ausdeus les costés* 511; ohne Artikel bei pars (ebenso Villeh. s. H. 39): *les creanterent d'ambes-deus pars* 623; *a tant*

s'aprochent les batailles d'ambes-deus pars 536. — Zu den Zahlbegriffen gehörig, weil „bestimmt abschliessend" (Diez III, 41) ist auch
attributives *totus*, vor welchem in der älteren Sprache der Artikel
häufig vernachlässigt wurde. Es trifft dies auch für u. T. in der Regel
zu, während derselbe doch auch der Beispiele für den modernen Gebrauch nicht ermangelt: *il en est graciiés de toz discrés* 501; *es-
lavemens de toz visses* 523; *de toutes pars* 526, 565; *vous iestes
tout confiessé et mondé de toz pechiés et de toutes ordures de
vilenie* 538; sogar mit Relativsatz: *elle est entechié de toutes boines
teches ke damoisiele doit avoir en soi* 555; ähnlich: *il i ot si grant
plenté de toz biens comme on poroit soushaitier* 557; desgleichen:
toz quatre und in adverbialen Wendungen: *tote jor* 566; *toutes voies*
541, 543. — Dagegen ist der Artikel gesetzt: 501, ib., 502, ib., 511,
538 (Relativsatz), 546, 550 (Rel. s.), 573 (Rel. s.), 576, 581. — Endlich steht der Artikel vor mi in: *un poi devant la mie-nuit* 624.

2. a) Von Substantiven, welche nach altfrz. Auffassung den Eigennamen näher stehen, als den Gattungsnamen, und deshalb ohne Artikel
auftreten (H. 36) sind zu erwähnen: paradis: *chil ki si grant peni-
lanche soufreroit por Notre-Segnor, bien aroit desiervi paradis* 643;
en paradis 534. — enfer kommt nur einmal, und zwar mit dem
Artikel vor: *del tenebrous infier* 537. — *et puis rechurent corpus
Domini* 524. — Soleil (506), Saint Esprit (525) mit Artikel. —
Hieran schliessen sich: terre ohne Artikel, und nach Präpositionen
à tierre 509 etc.; *par tierre* 539, 642, und in der Bedeutung „Län-
dereien": *et conquisent tierre sor aus* 655. — mer stets mit
Artikel, sogar: *sor le mer* 645. — eau: *et estoit venus par aighe* 666;
daneben: *s'il en poroient fuir par l'aighe* 661. — Von Stoffnamen
sind nur notiert: *mais chil des vassiaux lor jetoient vive chauc es
ielx* 665. — Bei Konkreten im kollektiven Sinn: *car molt est grans
hontes à jentill feme* 558; *plenté de toz biens comme ou poroit
soushaitier por cors d'ome aaisier* 557; *et entechié de toutes boines
teches ke damoisiele doit avoir en soi* 555; *cose dont hom ne
bieste puet vivre* 568. — Ebenso im Plural, wo der Artikel eine
ganze Klasse von Einzelwesen umfasst, und im Neufrz. ausser dem
bestimmten auch der Teilungsartikel zur Anwendung käme: *et laissierent avec aus chevaliers et siergants* 561; *et puis lor fisent
li nostre jurer sor sains ke* 621; *dont fist tant l'empereris ke ele
ot chevaliers aparelliés* 611; *ki là fust à cel point, asses peust*

veoir banieres et escus de diverses connissanches 525; *il ne m'est pas avis ke vous mie deussies tel cose requerre à bregiers* 585; *girons-nous dont as cans aussi comme mastin* 590; *mais porqueres messages* 592; *lors vinrent nostre chevalier au pont, et arbalestrier avec els* 653; *et lor laissierent lentes et pavellons* 657; *ki gaaigner veut illuec faire le puet, si comme muls et mules, palefrois et chevaus* 658; *dont fait drechier mangouniaus* 674; *et jetoient pierres et traioient quariaus* 675 etc. — Bei Angabe des Besitzes eines genannten Wesens (H. 38) fehlt der Artikel in f. B.: *et quant Baudouins a son poindre apris, si met main à espée* 630; *quant il virent lui et tans, cascuns endroit soi, lanche baissie, heurte cheval* 539, 629. — Beim Genetiv des Mittels *et puis s'est un petit desjeunés de pain bescuit et de vin* 514; *et non porquant Lyenars fu navrés en le main (ne sai de sajete u d'espée)* 510; *dont s'arma de tout, fors ke de byaume* 565; *il i ot si grant priesse, ke là où feroit cascun de baston u de verghe sor le tieste, juroient ke tout i enterroient* 597; *mais nul autre mal ne se font, ne de sieles il ne se remuent* 630; aber auch: *ains le fiert de l'espée* 631 etc.

    b) Die **Abstrakta** im allgemeinen Sinne wurden in der gánzen älteren Sprache, und bis ins 17. Jh. hinein artikellos gebraucht (H. 38). Natürlich verhält es sich ebenso in u. T., z. B.: *car desconfors n'i vaut noient* 520; *se mors ne m'en destorne* 530; *car confiessons o vraie repentance de cuer si est eslavemens de toz visses* 523; *k'i vaut alongemens* 532 etc. — Dagegen fehlt in bestimmtem Sinne der Artikel nur in dem formelhaften: *en non Diu* 592 (H. 38), *en non de penitanche* 538.

    c) Von **verbalen Wendungen**, d. h. solchen, in denen das Substantiv mit dem Verbum einen geschlossenen Ausdruck bildet, sind zu verzeichnen: *por pais faire* 545, 648, 649; aber *li pais fu faite* 546; *porter foi et loiauté* 546; *il vous doinst forche de surmonter vos anemis* 559; *por chou ke il li feissent homage* 560, 584, 605; *faire bien et honour* 574; *por droit faire et por droit prendre* 576, 646; *nous vous prions merchi* 586; *ke vous li fachiés raison* 586; *ne jà por noient ne feriesmes desloiauté* 592, 602; *car jà enviers vous ne feroi vilonnie* 602; *de mal faire ne le cremons* 587; *et nous commencommes guerre* 587; *ke il evust mierchi de lui* 626; *ke vous n'en uiies gueredon tel comme vous*

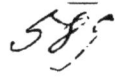

aves desiervi 636; *avoir p a i s* 649; *se Lombart aront p o o i r contre lui* 539, 650; *p r o e c h e faire* 517; *une cose dont il ait g a r a n t* 501, 523; *et bien avoient nostre gent m e s t i e r* 542, 587; *ke Dex lor donnast h o u n o u r et v i c t o r e* 524; *cascuns endroit soi hurte c h e v a l des esperons* 539; *si met m a i n à espée* 630; *et fianche p r i s o n à tenir* 631.

Hieran schliessen sich die Wendungen, in welchen die Präposition à ein prädikatives Substantiv im allgemeinen Sinne anfügt: *cose ki tourt à h o n t e ne al descroissement de l'ounour de l'empire* 588; aber auch: *tel consel ki tourt à l'oun our de l'empereour* 576; *li torna à grant anui* 585; *cose dont li empereris le tint à parole* 607; *ke il me tiegne à d r o i t* 610; *et li gens ki avoec moi fu venue, fu encore plus à m a l a i s e de moi* 636; *et avoient dit ke il estoit venus auques à escari* 683.

d) Umgekehrt sind einige Fälle zu beachten, in welchen das Afrz. eine Fügung mit dem Artikel wählte, während das Neufrz. denselben weglässt: *et il se leva de l e t a b l e* 650; *il se misent à l e f u i t e* 541; *à tant se melent à l e v o i e* 521, 622, 682; *dont se melent a u c h e m i n* 638, 680; daneben: *tout chist se sont mis en c h e m i n* 611; *Jeoffrois manda à l'empereour ke il aroit le b a t a i l l e contre Burile* 528, ib., *le gent Burile, dont il ot moult desiré l e b a t a i l l e* 531.

Der Artikel beim prädikativen Substantiv nach Verben des Nennens ist in u. T., im Gegensatze zu dem damals überwiegenden Gebrauche, nur an einer Stelle gesetzt: *et li rois Phelippes fist apieler le Val, après son non, le Val de Phelippe* 570.

Die dem Eigennamen folgende Apposition, auch wenn sie keine auszeichnende ist, findet sich bei Val., wie in den übrigen Denkmälern jener Zeit (H. 42), in der Regel mit dem Artikel versehen: *Esclas, un s haus hom* 545; *il apiela Pieron Vent, un fort trahitour* 622 etc., ausgenommen: *uns chevaliers de Hielemes, ki Lyenars avoit non, p r e u d o m durement et de grant pooir* 508.

3. Der Artikel bei Eigennamen.

a) Hinsichtlich der Personennamen ist nur die Schreibung *li Ascres, l'Ascre* 552, 554 etc. für *Lascaris* bemerkenswert.

b) bei wenig bekannten Städtenamen verfährt auch Val. mit grosser Willkür, setzt jedoch in den meisten Fällen den Artikel nach

590

den H. 41 auseinandergesetzten Grundsätzen: *à le Bondeice* 671; *le Serre* 608, 610, 572; *le Gige* 573, 614; *l'Arcclée* 553; *le Rousse* 566; *le Maigre* 584, doch auch *Macré* 593, *Machré* 568; *al Corthiac* 573, 596, 597, aber *à Corthiac* 596 etc.

c) Die Lündernamen werden in u. T. meist noch ohne Artikel gebraucht: *Blaquie* 505, *Makedoine* 570; *cels de Flandres et de France et de Normandie* 507; *à le gent de Flandres et de Haynau* 506; mit Artikel nur: *li marescaus repairoit de le Panphile* 555; *à le Panphile* 550, 554.

d) Der alte Gebrauch Völkernamen ohne Artikel zu setzen, ist in u. T. immer noch sehr ausgedehnt, während andrerseits der Artikel nicht gerade selten ist. Eine vollständige Zusammenstellung beider Fälle ergibt:

Mit Artikel: *li Blas* 511, 513, 515, 529, 536, 539; *li Commain* 515, 519, 529, 539; *li Lombart*: 560, 562, 571, ib., 598, 572, 571, 591, 595, 574, 624, 627, 628, 634, 662, 639, 645, 646, 647, 649, 650, 651, 656, ib., 660, ib., 661; *li Grifon* (*Griu*) 567, 620, 549, 663, 683, 663, *li Capielet* 665.

Ohne Artikel: *Blas* (*Blascois*) 504, 505, ib., 521, 540, 518, 601; *Commain* 504, 521, ib., 540, 601; *Lombart* 571, ib., ib., 572, 591, 595, 574, 604, 621, 627, 624, ib., 628, ib., ib., 929, ib., 633, 670, 671, 637, 640, 647, 648, 649, 650, ib., 651, 613, 655, 657, ib., 658, ib., 659, 663, 672, 673, 612, 671; *François* 628, 929; *Grifon* 567, 586, 633, 671; *Griu* 663; *Capieles* 665.

e) Für die Monatsnamen und Feste sind aus u. T. nur wenige Anhaltspunkte zu gewinnen, weshalb wir die einschlägigen Beispiele nur kurz zitieren: *le premerain jour d'aoust* 525; *le jour de le Paske* 647; *au Noel* 572; *à une Pentecouste* 504; *li feste de le Nativité* 571; *le jour de le Tiephone* 605.

E. Das Relativum.

1. Für den substantivischen Gebrauch des Pluralis *qui* liefert Val. (wie Joinv., s. H. 45) kein Beispiel. Dagegen erscheint dasselbe oft im Singular, im Sinne von lat. *si quis* (Diez, III 384, 2; Chassang 290), wie noch häufig im 17. Jh., während Joinv. nur *ein*, Villeh. noch gar kein Beispiel hiefür liefert (H. 45):

a) bei eigenem Subjekte des Hauptsatzes: *car ki piert un si preudome comme il est, chou est damages sans restorer* 513; *et bien*

saciés ke ki por Diu morra en ceste besoigne, s'ame en ira toute
florie en paradis 534; *car tant sai-jou bien de guerre, ke ki requiert*
ses anemis asprement et vistement au commencier, plus en sont legier
à desconfire 535; *ki vous raconteroit ses gistes juskes à Salenyke,*
che seroit uns grans anuis 564; *par Diu, sire Cuenes, ki nous*
vaurroit le terre tolir, trop nous en deveroit peser 578.

b) bei gleichem Subjekte des Haupt- u. Nebensatzes, oder wenn
das Subjekt des Nebensatzes als Objekt im Hauptsatz fungiert: *ki*
dont fust là, molt peust veir asprement paleter et bierser les uns contre
les autres 507 *et ki ne l'ot, si l'en convint consirer* 514; *et ki en-*
core se faindra à cestui besoing, jà Dex de glore ne li doinst
hounour 535; *et ki la fust, à cel point, assés peust veoir banieres*
et escus de divierses connissanches 525; *et ki dont en puet avoir,*
si en ait 552; *ki gaaigner veut illuec, faire le puet* 658; *et ki vau-*
sist esgarder selonc ses oevres, il aroit desiervi orc et autre fois ke
on le pendist plus haut ke nul autre larron 662.

Der mit Beziehung auf Personen gebrauchte Kasus obliquus
des Relativums, *cui*, wird nur noch selten von Val. angewandt, und
zwar:

a) als Genetiv: *et li trahitres en le cui aide il aloient, s'iert*
aloiiés à Lombars 639. — Anm.: Ebensowenig, wie bei Villeh. (H. 45),
ist bei Val. für den possessiven Genetiv *de cui, de qui*, oder der
Genetiv von *lequel* zu betreffen, obwohl dieses letztere Fürwort sich
schon an verschiedenen Stellen zeigt: 503, 523, 537, 558, 542, 664.
Statt dessen wird jedoch manchmal *dont* gebraucht: *ains chevauça*
tiers le gent Burille, dont il ot molt desiré le bataille 531; ferner
611; 617; immer dagegen mit Beziehung auf Sachnamen: 501, 545,
570, 568, 610, 646, 665, 632.

b) als Dativ: *et quant li empereres ot le response des Lombars,*
il fu si durement estains d'ire ke il ne desist un mot cui li donnast
grant cose 650. — Noch nirgends lässt sich für diesen Fall à nachweisen.

c) als Akkusativ kennt Val. nur mehr ke, nie cui.

In Abhängigkeit von Präpositionen zeigt Val. nur *cui* (nie
qui) in Beziehung auf Personen, mit welchem *lequel* abwechselt (s. u.):
car jou i menrai Pieron Vent, par cui jou les bé bien à ravoir 616;
car il ont lor conestable en cui il ont toute lor esperanche 648; *et*
Othes de le Roche, ki sires en estoit (à cui li marchis l'avoit donnée)

li honnera de tout son pooir 681; *Segnor, on me fait entendant ke Michalis, contre cui nos sommes chi venu a parlement, est mervelleusement trahitres* 689.

2. Die relativische Verknüpfung mit ce qui, das sich auf einen ganzen vorhergehenden Satz bezieht, ist unserem Autor fremd. Dagegen findet sich beziehungsloses Neutrum nicht gerade selten, und zwar meistens mit unterstützendem ce: *Sire, fait li quens. nous avons bien oï chou ke vous dites* 578; ebenso: 578, 590, ib., 584, 602, 604, 617, 626; ohne ce nur in der formelhaften Wendung: *or te dirori ke tu feras* 577: *or vous dirai encore ke vous feres* 587; *or vous dirai ke vous feres* 690. — Über die Z. f. rom. Ph. II, 560, und sonst viel besprochene Konstruktion lässt sich aus u. T. nichts Näheres feststellen, da derselbe nur ein einschlägiges Beispiel enthält: *apriès si grans travaus ke vous savés ke nous i avons eus* 578.

3. Quoi, das in der älteren Sprache von sehr eingeschränktem Gebrauche war (H. 48), kommt auch in u. T. nur dreimal vor; zunächst mit Beziehung auf ein sächliches Substantiv: *et ke por Diu ne fesissent cose par coi li hounours de Constantinoble fust abaissiés* 580; *véés chi le point par coi li Lombart furent engignié* 595. — Neutral ist es in f. B.: *ke boin seroit ke il pevussent faire par coi cele guerre fust apaisié* 667.

4. Während Villeh. (H. 49) lequel noch gar nicht aufweist, ist dasselbe in u. T. durch eine Anzahl von Beispielen vertreten: *un home avoec lequel* 558; *chil asquels* 542; *un evesque et un vieil chevalier par lesquels il lor avoit mande ke .. * 648; *gens et chevaliers par lesquels il vous puist aconduire vostre avoir* 666. — *le pume por lequele tout aliemes es paines* 537; *le propre matere pour lequele jou commenchai à traitier ceste œcre* 503. — *l'aide de Diu, liquele vos sera prestée* 523.

5. In der älteren Sprache konnte das Adverbium que in weitestem Umfange die Vertretung des Relativums übernehmen. In vielen derartigen Fällen wird „dem Gesamtsinne des Hauptsatzes eine nähere Bestimmung hinzugefügt, ohne dass eine deutliche Beziehung zu einem Gliede des Hauptsatzes zu erkennen ist" (Bischoff, Konj. bei Chrestien p. 101). Auf diese Weise vollzog sich die Umwandlung des Relativums in eine Konjunktion. Als Übergangsstadium können die Fälle betrachtet werden, in denen ein pleonastisches persönliches Pronomen beim Erlöschen der relativen Kraft des *que*, durch Zurückweisung auf

das Beziehungswort im Hauptsatze, die relativische Funktion auf sich nahm. Sätze der ersten Art, die noch im Neufrz. vorkommen (Lück. § 243, 405, 2) lassen sich aus u. T. nicht nachweisen. — Als Vertreter eines Nominativs mag *que* gelten in f. B.: *et commanda que nus ne demourast arriere ke il ne fust o lui a Chartelenne* 552; *Lombart defaillirent dou parlement, ke il n'i vinrent point* 670; in: *il ne m'est pas avis ke il ait en vostre requeste raison, ne ke vous mie deuissiés tel cose requerre à bregiers. Ke vous volés avoir les chités et les castiaus* 585 ist vielleicht: „*che m'est avis*" vor *ke* zu ergänzen. Der Sinn dieses *ke* fällt hier, wie oft im Afr., mit dem italien. *che (perchè)* zusammen. Ein ähnlicher Fall liegt vor in: *et il respondirent ke de chou ert li consaus pris, ke jà de couardie n'i aroit parlé ne pensé* 527 (sc. *respondirent ke*), wo Wailly *car* übersetzt. — Mit Ausschluss der Annahme, dass ein übergeordnetes Zeitwort der Aussage dem Sinne nach zu ergänzen ist, wird durch *que* in freier Weise angeknüpft: *et ne vous esmaiés point, mais soiés tout hardi et tout seur; ke nous les vaincrons hui, se Diu plaist* (=*car*) 527. — An Stelle eines Relativums und einer Präposition fungiert das Adverb in: *et fist porter à tos communement le chauch et le mortier; c'onkes nus n'en fu espargniés* (= *de qui*) 550. — Am zahlreichsten und mit dem neufrz. Gebrauche übereinstimmend, sind die Fälle, in denen *que* zur Konjunktion geworden ist: *si se coucierent et reposerent juskes à l'endemain apriès la messe, ke il alerent au castiel, où li cuens estoit* 575 (*que* urspr. Akkus. der Zeit); ebenso berühren sich Akkus. der Zeit u. Konjunktion in: *le nuit se jut à un castel, et se reposa juskes à l'endemain, ke Baudouins de Pas li dist ke* .. 681; *ensi fu li empereres trois jors à Negrepont, c'onkes ne trova ki li fesist cose ki li despleust* 684; *desloiautés dont tu ne poroies en le fin escaper ke tu n'en fusses honnis* 685.

6. D o n t erfreute sich im Afrz. einer ausgedehnten Anwendung, die jedoch bei unserem Autor nicht besonders hervortritt. — Zunächst drückt es als A d v e r b eine l o k a l e Beziehung aus(== *d'où*): *se poroit les cuers assentir à si grant desloiauté faire, dont tu ne poroies en le fin escaper* 685; *ains retornent arriere là dont il estoient venu* 668; *gardés ke vous jà retraiies vostre cuer de nostre gent amer, dont vous iestes estraite* 559; *chiaus dont il estoient estrait* 633. — Ferner hat es eine p r o n o m i n a l e Funktion übernommen, und kann auf einen ganzen Satz bezogen werden, in welchem Falle es

jedoch nie durch das determinative *ce* unterstützt wird (ebenso Villeh.
s. H. 52): *si vint à Dragmes, et conta monsegneur Cuenon l'aventure, dont il ne fu mie joians* 624; *car Johanisses li avoit ochis
son frere l'empereour Baudouin*: *dont molt fu grans damages à le
gent de Flandres et de Haynau* 506; *jou commenchai à traitier ceste
œvre: dont Dex me prest par son plaisir sens et forche et discrecion* 503.

7. *Où* mit Beziehung auf Sachnamen begegnet an f. Stellen: *s'il
offroient cose où il euust raison* 648; 665, 624, 647, 543, 539, 523.
— = *d'où: il i ot si grant plenté de toz biens comme on les pui-
sast en une fontaine ù il soursissent* 557. — *Là où* (H. 53): *dont
vont entre els no baron devisant là ù on espouservit le damoisele,
et quant* 549; 597.

F. Das Interrogativum.

Die indirekten Fragesätze werden, wie bei Villeh. (H. 53), noch
stets mit dem neutralen Interrogativum, nie mit dem Relativum ein-
geleitet: *dont dist ke il meismes ira por savoir ke chou est* 616;
por chou ke il ne set k'a avenir li est 671; *jou ne sai ke il en
avenra ne coi non* 682; *toz li mons s'esmervelloit ù il aloit ne ke
il queroit* 564. — In der Anwendung des substantivischen Pronomens
herrscht Übereinstimmung mit dem Neufrz. Auffallend ist nur: *li empereres oï le noise, et demanda ke chou estoit ki tel noise faisoit
là fors* 664, wo dem Zusammenhange nach *qui* zu erwarten wäre. —
Umschreibung des neutralen Pronomens zeigt: *toz li mons s'esmervelloit quel cose il pensoit à faire* 564.

G. Die Indefinita.

1. Für distributives *qui-qui*, sowie neutrales *que-que* im Sinne
von latein. *qua-qua* bietet Val. keine Belege; nur letzteres ist in
reduzierter Form enthalten in: *et mal ke mal, encore nous vaurroit
il mius ke nous nos enfuissons hors du pais* 588.

Im verallgemeinernden Konzessivsatze ist die Fügung mit *lequel*
(H. 54) nicht mehr zu finden; ebensowenig ist attributives oder ad-
verbiales *quelque* nachzuweisen, für welches noch das einfache *quel*
fungiert: *mais de quel eur ke il soit ens entrés* 682. — Dem von
H. p. 55 aus Joinv. zitierten Beispiele, in welchem der konzessive Sinn
durch den Relativsatz mit dem Verbum im Konjunktiv hervorgebracht

wird, wobei sich dieser Relativsatz auf ein artikelloses Substantiv bestimmt, können wir zur Seite stellen: *mais onkes à offre k'on lor fe sist de par l'empereour ne respondirent, ains s'escondisent tout adiès plus et plus* 580. — Statt des attributiven *quel* war auch die Nachstellung eines, meist mit *être* prädikativ verknüpften, *quel* sehr gebräuchlich, eine Konstruktion, aus welcher, infolge später eingetretener Ellipse der Kopula, die moderne Wendung mit *quelque* entstanden ist. In dem einzigen Beispiele u. T. ist dem Substantiv zugleich kausales *pour* vorangestellt: *mais gardés ke vous jà por lor amour ne por lor acointance, quele ke il l'aient à vous ne vous à eus, retraiies vostre cuer de nostre gent amer* 559. — Weitere Fälle mit kausalem *pour* vor dem Substantivum sind: *ne por destreche ke vous saciés en lui, ne le destraigniés onkes de plait* 582; *ne jamais, por cose k'il me sacent dire ne faire ne proumettre* 603; ebenso: 622, 635; mit pleonastischem *nul* für *quel* oder *quelque*: *et distes au castelain de par moi, ke por nulle ensegne ke je li mange, ne por nulle lettre, ke il ne renge le castiel* 612.

2. Von In definiten, welche dem Neufrz. nicht mehr angehören, sind zu erwähnen:

tant, das nur mehr an einer Stelle adjektivisch gebraucht ist: *ains lor monstroient tantes bieles paroles et tantes bieles raisons* 692; sonst wird es stets mit partitivem de konstruiert: 512, 598, 610; ebenso *autant*: 631, 690;

quant, substantivisch gebraucht: *et ne sai quans des autres* 580. Als Neutrum erscheint es nur mit konzessiver Bedeutung in *kanke* (*quodcunque*), vgl. italien. *quantunque* (Diez III, 361): *lor laissierent tentes et pavellons et quankes il avoient de harnois* 657. — Das moderne *combien* ist mit f. B. zu belegen (s. H. 56): *anuis seroit de raconter combien cascuns i gaaigna* 656.

Das Neutrum *petit* statt des Adverbs *peu* (lat. parum) zeigen f. Stellen: *et petit en faloit* 504; *petit faut* 629; *et puis s'est un petit desjeunés* 514; *petit l'ot convoié* 572; *et le vostre baillie poés vous ravoir à moi por assés petit* 610.

souvent als Adjektiv gebraucht: *nous nos sommes combatu souventes fois encontre nos anemis* 578. — Ebenso Villeh. § 169.

3. Dem Neufrz. noch angehörig, aber mit veränderter syntaktischer Funktion ausgestattet sind:

aucun hat seine ursprüngliche, positive Bedeutung in u. T. noch ausschliesslich bewahrt: *et por chou veut il dire et traitier aucune cose dont il ait garant de verité* 501; ebenso: 512, 527, 582, 629. Desgleichen als Substantiv: *se aucuns lor vausist mesfaire par aventure, ke il s'en pevussent deffendre* 561; *et il un prisent aucuns, les autres ochisent* 565; ferner: 503. — Für heutiges *aucun* wurde noch stets *nul* verwandt: *nus hom ne le deveroit plaindre* 508; *sachiés ke je n'eusse nule fianche en nostre repaire* 529; ferner: 531, 563, 590, 592 etc. — Subst.: *et quant li empereres voit ke il n'en pora nul ataindre* 565; *gardés bien ke nus de vous ne se desrange* 530; 572, 550, ib., 552, 514, 640. — Manchmal steht es auch für *personne: et quant nostre gent virent k'il en tel terre n'estoient embatu, nus ne se doit mervellier se il furent desconforté* 514. — Mit der Bedeutung von lat. *ullus* kommt es in allen Diez III 443 angeführten Fällen vor; z. B. im abhängigen Satze bei verneinendem Hauptsatze: *il ne vaut mie que David fesist nul mauvais plait à l'Ascre* 552; 564, 583. — Zu erwähnen ist noch der oblique Kasus *nullui* an f. Stelle: *ensi se tienent nostre gent dedens le ville sans chou ke à nullui ne mesfont riens* 663.

Der zu *autre* gehörige Kasus obliquus *autrui*, der als solcher noch heute Verwendung findet, ist bei Val. nicht so selten zu betreffen, wie bei Villeh. (H. 57): *cascuns garnis et apparelliés de son cors deffendre u d'autrui assaillir* 525; *gardés ke vos ne laissiés vo boin usage pour l'autrui mauvais* 558 (unbezeichneter Genetiv); *nous le vous lairons à resavoir chaiens, u par nous, u par autrui* 590; *teus cuide autrui engigner ki de cel meismes engien est engignés* 623. — Andrerseits kann substant. *autre* nur als Nom. erscheinen: *jou ne voel mie ke vous ne autres puissiés à droit dire ke..* 602; 622, 623.

Adjektivisches *cascuns* wird erst seit dem 16. Jh. durch *chaque* verdrängt. U. T. verweist nur auf: *cascune partie* 581; *cascun jor* 599. — Dagegen überwiegt der substant. Gebrauch bedeutend: *en cascune de nos batalles* 543; 502, 516, 520, 523, 524, 525, 529 etc.

Substantivisches *maint* ist bei Val. nicht anzutreffen; adjektiv. nur: 538, 563.

tel wurde manchmal im Afrz. „adjektivisch zum Subjekt, resp. Objekt konstruiert, wo das Neufrz. dasselbe als adverbiale Bestimmung des Verbums setzen würde" (H. 58); die betr. Stelle aus u. T. wurde schon von Haase a. a. O. zitiert: *ensi comme vous aves oï, ſu Buriles desconfis, et teus menés comme vous aves oï* 545.

Adjektivisches *tel* wird nicht nur, wie im Neufrz. durch einen Vergleichungssatz mit *comme*, oder einen Konsekutivsatz mit *que* (601, 667), sondern auch durch einen Relativsatz näher bestimmt: *or prenés entre vous tel consel ki tourt à l'ounour de l'emperour* 576; *car li cuens garni Christople de tele gent ki n'avoient mie molt grant volenté d'acroistre l'ounour de l'enfant* 606 ; *puis dist tele cose dont li empereres le tint à parole* 607; *envoiés teus gens por moi garder, dont vous en remeignes sans souspechon* 617; *et puis s'en vint à Salenyke, u il basti un tel plait dont Lombart se repentirent en le ſin* 572; *et si les aves garnis de tel gent ki molt n'aiment mie nostre hounour* 608; *et bien avoient à celui point nostre gent mestier de tel secours ke Nostre Sires leur fist illuec* 542; *cascuns jetoit jus tels armes k'il portoit* 541.

Die Komposita *autel* (512, 525) und *autretel* (541) sind im Neufrz. ausser Gebrauch.

tout wird bei Val. vor prädikativen Bestimmungen stets adjektivisch gebraucht, d. h. zum Subjekt oder Objekt konstruiert. Dieses Ergebnis umfasst allerdings nicht jene Fälle, bei denen die Form des Adjektivs mit dem Adverb zusammenfällt (Akkus. Sing., Nom. Plur.), kann jedoch mit Rücksicht auf die übrigen, analogen Fälle als annähernd richtig bezeichnet werden: *et esgarda le castiel, ki tos estoit ſondus et degastés* 550; *et Esclas, ki est aussi comme tos embrasés de l'amour à le damoisiele* 556; *que nus n'estoit sor le pont ki ne ſust tos esbahis de regarder en l'aighe* 659; *et quant il ſu tos fais* 674; *grans mervelle iert se nous ne sommes tout mort* 592. Mit Nom. Plur.: 512, 515, 538, 564, 624, 692. — *si ferés, u se che non vées nous chi tos mors et honnis* 592; *li empereres en lassa aler tos cuites les Lombars* 661; *il s'en torna le petit pas, le pignon el puing tout ensanglanté* 511 ; *car on li dist ke se gens se devoit estre toute revelée contre lui* 644.

Attributives *tout* hat sich nach *à* (= *avec*) nur noch in wenigen Fällen selbstständig erhalten: *à toute s'ost* 504; *à toute sa gent* 554, 620; *à tos ses chevaliers* 651. In der Regel ist es zur Präposition *atout* geworden: *atout trente-trois mile homes* 543; 557, 571, 625, ib., 647, 686, 690.

4. Wie überall im Afrz., werden auch in u. T. gewisse Substan-

tiva zum Ersatze eines indefinitiven Pronomens herangezogen, so namentlich:

home (= *quelqu'un*): *puis ke li home s'entremet de biel dire* 501; *car hon ki faut son segneur* 571. — (= *personne*): *et ke nus home ne le deveroit plaindre* 508; *en tel maniere c'onkes ne pot iestre secourus d'oume de defors* 674.

chose: *et d'autre part, il ne lor faisoit cose ki lor anuiast* 567; *ains fist commander à ses homes ke on n'uportast en l'ost cose dont hom ne bieste peust vivre* 568; *et ke por Diu ne fesissent cose par coi li hounours de Constantinoble fust abaissié* 580; ebenso: 588, 684, 689, 592, 526, 648. Vgl. hiezu noch die Umschreibungen für andere Pronomina, wie *ceste cose* für *cela*: 605, 608, 625, 543; *quel cose* (= *quoi*) 613, 564; *tel cose* 585 etc., sowie die p. 29 zitierten konzessiven Wendungen. — Hinsichtlich *rien* ist zu erwähnen, dass es in einem Falle noch seine substantiv. Natur zeigt: *sour toute rien* 558. Bemerkenswert ist noch der häufig wiederkehrende Ausdruck *de riens* = *en rien*: *li empereres i vaurra si bien garder le droit de l'enfant, ke il de riens n'en sera blasmes, ne li enfes adamagiés* 577 *por chou ke il savoient bien ke François nes amoient de riens* 628; 571, 631, 641, 692.

III. Der unbestimmte Artikel.

1. *Un* als unbestimmter Artikel im Plural hat sich im Afrz. zunächst bei Substantiven eingebürgert, welche ein Paar zusammengehöriger Dinge bezeichnen. Beispiele dieser Art fehlen in u. T. — Sodann hat sich dieser Gebrauch auch auf solche Substantiva übertragen, die hauptsächlich nur im Plural üblich sind, oder bei denen der Begriff des Plurals sich durch Supponierung eines wiederholten Vorkommens, oder durch Auflösung in die einzelnen Bestandteile gewinnen lässt. Der unbestimmte Artikel nähert sich dann seiner Bedeutung nach oft dem Teilungsartikel, an dessen Stelle derselbe namentlich im Spanischen und Portugiesischen thatsächlich getreten ist (vgl. Diez III, 21). Die Stellen aus u. T., nach diesen Gesichtspunkten geordnet, sind: *à tant es-vous un message de par Rollant Pice, ki donne à*

l'empereour uns lettres 638 (der Sing. von *lettre* findet sich 612); *et luens le Biethune et Pieres de Douay se prendent à parler et à dire uns biaus mos polis* 692; *à tant es vous Burille venant o trente-trois mile hommes; et portoient uns glaives vers à uns lons fiers de Bohaigne* 532; *puis fist tant li empereres ke il vint à toute s'ost en uns prés ki sont par delà Salembrie* 504; ebenso 505; *puis prisent unes trives à nostre gent, et les creantèrent d'ambes-deus pars* 623; ebenso 678.

2. Der Substantivbegriff wurde in der älteren Sprache oft in seiner Allgemeinheit gesetzt, wo er im Neufrz. durch den unbestimmten Artikel als Einzelbegriff einer Gattung herausgehoben wird (vgl. H. 65). Die für das Fehlen des Artikels in u. T. massgebenden Bedingungen sind:

Die Negation (s. Teil. Art.). — *il y a* als Prädikat: *se il a entre vous par aucune mesaventure, courous ne ire, ke tout soit entrepardoné* 527; *et il ot si grant plenté de tos biens* 557; *il i ot si grant priesse* 597; *molt i ot grant bustin à prendre* 655. — Vergleichende Adverbien vor attributivem Adjektiv: *ains si maintint comme chevaliers preus et hardis* 653. Besonders *si: dont en prent il si cruel venganche com nos trovons en le divine page de le sainte escripture* 507; *si fort tans et si cruel* 592; *à si grand desloiauté faire comme* 685; ebenso 544, 578, 557, 564. Doch ist auch hier der Artikel möglich: *un si preudome comme il est* 513; *une noise si grant* 518; *une si grant tempieste* 528; *un si grant polucrone* 672. — Einfaches *grant*, sowie überhaupt jegliche Art von Quantitätsbestimmungen: *grant pieche* 557, 578, 608, 669; *grant cose* 650, aber auch *une grant cose* 551, 554, 664; *grant gent* 558; *grant damage* 506, 513 etc. *moult arés boin père; trop fust vilaine cose à nous* 513 etc. — *autre*, hauptsächlich in *autre cose*, da ja das Substantiv *cose* selbst die Eigentümlichkeit besitzt, den Artikel leicht missen zu können: *autre cose* 585, 590, 649, vgl. *laide cose* 586 *legiere cose* 567. — *tel* kommt noch stets ohne Artikel vor, mit alleiniger Ausnahme von: *et puis s'ent vint à Salenyke, à il bastit un tel plait dont Lombart se repentirent en le fin* 572. — Ohne Artikel: 576, 606, 607, 617, 608 etc. — Von Substantiven der Quantität ohne Artikel (s. H. Garnier 29) sind notiert: *n'aiés jà paour ne doutanche k'il contre vous puissent eure durer* 516; *forche de gens* 619.

Von hieher gehörigen Wendungen, bei denen Substantiv und Ver-

hum zu einem stehenden Ausdruck verschmolzen sind, führen wir bei-
spielsweise an: *lors prisent consel ke* ... 505; *il li doinsent
consel* 560; *se Diex n'i mesist consel* 543; *se nostre François
n'evussent mie consel* 665; *por eus donner confort* 511;
prenge cascuns reconfort en soi-meismes 520; *nus n'i mist con-
tredit* 514; *sans damage rechevoir: il avoient fait sairemens* 603; *et de chon dist-il-folie por soi* 609; *faire lonc sejour* 661; *por esperanche d'avoir boin hostel* 544; *molt fist
illuec Nostre Sire apiert miracle à nostre gent* 543; *si cuidoient
ore nostre gent avoir ferme pais et boine acorde* 606; *et chil
ki fera mauvais semblant* 534 etc.

IV. Teilungsartikel und partitives *de*.

1. Vom Teilungsartikel, d. h. der Verbindung eines Substantivs
mit *de* und dem bestimmten Artikel oder vorhergehendem Adjektiv,
dessen häufigeres Auftreten vom 15. Jh. an beobachtet wird, lassen sich
in u. T. vereinzelte Spuren nachweisen, die jedoch nur die älteste Form
dieses syntaktischen Gebrauches umfassen. Demzufolge finden wir ihn
zunächst als Objekt zu transitiven Verben, namentlich des Gebens und
Nehmens, bei welchen die Subtraktion eines Teiles von einem konkreten Ganzen vermittelt wird (vgl. Diez III, 45): *et il mandoit ke
il li envoiast trente chevaliers, por che ke Lombart s'ahatissoient de
venir sor lui et de prendre dou sien* 637; *si k'il demorassent
en le terre, et il lor douroit encore de le soie, por acroistre le lor*
648; *si abatirent de lor chevaliers et retinrent* 655; *tant lor a
li empereres prescié de Nostre Segnor, et mis avant de boines
paroles et amonnestés de bieles proeches* 507. Aber: *et il dist
ke il li donroit boines* (sc. scurtés) 609, und oft.

2. Partitives *de*, abhängig von der Negation *ne*, wird für Villeh.
und Joinv. nicht belegt; auch später tritt es nur selten auf (vgl. H.
Garnier 79); wir finden: *car il n'avoit de garnison por son cors
à cel point ke un seul gasygan* 511. Sonst regiert *ne*, das übrigens
selten eines Füllwortes entbehrt, stets ein artikelloses Substantiv, wie
z. B. *comme chil ki n'ont cure de la faire lonc sejour* 510, 661;

vous n'i avés castiel ne recet 523. Ebenso in Verbindung mit *jà: jà puis n'aront aide de lui ne des siens* 667; 663, 559; *nient: por noient quesist-on plus biel chevalier de lui* 541; *onques: et aferme ke onkes mais n'avoit veu plus biel jour de celui* 531; *il n'y a*, das auch in positiver Form die Vernachlässigung des Artikels veranlasst (s. p. 33): *k'il n'i ot si couart ki* 517; *ke il n'i avoit fossé, ne mont, ne val* 559 etc. Hieran schliesst sich als vereinzeltes Beispiel: *et nostre gent les encaucent toutes voies tant ke trache lor en dure* (Wailly: *tant qu'il y eut trace d'eux*) 543.

3. Nach den Adverbien der **Negation** fehlt *de* mit Ausnahme von: *il n'ot point de siute* 508.

4. Die Adverbien der **Quantität** werden regelmässig mit partit. *de* konstruiert. Doch finden wir ohne *de*: *et tant i menra gent ke . . .* 616; *or me doinst Dex tant vivre ke* 646; *non porquant il savoient bien ke il estoient asses plus gent ke nostre François n'ierent* 628; *et il i ot asses joie et solas* 557. — Das von einem Adverb der Quantität abhängige Substantiv nimmt ausser *de* noch manchmal den Artikel zu sich (s. H. 40): *dont i ot assés pris des Lombars* 620; *et si retenés encore assés de le soie tierre* 586; 557, 620, 675; *et moult blechoient des nostres* 675; *et ne sai quans des autres* 530; *et saciés ke il en i ot des autres ki molt furent preudome* 654. Bei *assés* kann das Genetivverhältnis ganz aufgelöst werden: *là vint li empereres Henri, li cuens Biertons et autre chevalier assés* 669.

V. Das Verbum.

A. Die Arten des Verbums.

1. Von un persönlichen Verben, welche heute nicht mehr so gebraucht werden, oder ganz aufgegeben sind, kommen in u. T. vor: *il est anuitié* 620; *estuet* 629; *caut* 535, 616; *il me souvient* 534 (vgl. H. Garnier 31); *il m'enuie* 567, 680, persönlich 615; *il m'en pese* 578; *s'i li mescaoit de cheste emprise* 508 (H. 71); *il convient*, mit dem Dativ der Person (H. 69): *si ricement comme à lui con-*

venoit 541, 519; *et lor dist ke il lor convenoit aler en celui voiage* 638; *mais il ne li convenist pas douter* 668; mit dem Akkusativ: *toz les i convenra par forche morir de fain* 579; *se faire le convenist* 525; ein Satz mit *que* folgt: 561. — Ferner ist an f. Stelle der afrz. Gebrauch von *il y a* mit dem Partiz. Perf. Pass. = dem lateinischen unpersönl. Passiv (H. 69) anzutreffen : *et il respondirent ke de chou ert li consaus pris, ke jà de couardie n'i aroit parlé ne pensé* 527. Ebenso mit einem durch ein prädikatives Partizip bestimmten Substantiv: *dont i ot assés pris des Lombars et de lor chevaus guigniés* 620 ; *molt en i ot d'ochis et de navrés* 539. Zum Ausdruck des Zuständlichen: *et lors n'avoit de toute nostre gent armés fors ke l'arriere-garde et l'avant-garde* 506. — *faillir* ist, wie sein Etymon *fallere*, in u. T. stets persöulich konstruiert: 571, 601, 638, 670. — *venir: s'il vous vient à plaisir* 529. — *de chou ke vous iestes acreu, est-il biel à monsegneur* 576. — *molt li torna à grant anui* 585.

2. Einige Verba haben in der Entwickelung der Sprache ihre Konstruktion verändert (H. 71): *aprochier*, ursprünglich transitiv: *et quant nostre gent aprocierent le pont au matin .. * 662, wurde später intransitiv: *si commenchierent à aprocier li un des autres* 526; *et ke il commenchoit durement à aprochier* 620; reflexiv: *à tant s'aprocent les batailles d'ambes-deus pars* 533, 536. — *esloignier: et li dist ke il por Diu ne l'eslongast.point. — querroyer: en tel maniere ke il devoit guerroier nos François par son castiel* 639; *et por chou s'entreguerrioient il* 545. — *sembler: et quant il fu montés, si armés et si aparelliés comme à lui contint, bien sembla prinches ki terre eust à garder* 519. — *partir: nous vos partirons trois pais* 581, 543; intransitiv : *partir à le terre* 571, *sauf chou ke nous n'i partons* 585. — Für den Gebrauch von *mourir* in faktitivem Sinne (H. 73) zeugen in u. T. nur mehr die Formen des Partiz. Perfekti: *et por chou k'il ot pavur et doute ke ses chevaus ne fust mors u mehaigriés* 511; *car s'il avenist ke vous i fussiés mors u pris* 512, 631. — Von anderen Intransitiven, die durch Annahme faktitiven Sinnes zu Transitiven werden, haben wir noch anzuführen *trebucher: nonporquant li cos li coula sour le bras diestre si ke poi s'en failli ke il nel trebuça jus dou cheval* 631; *et il se leva de le table par si grant aïr, k'il trébucha par terre le maistre dois à il séoit* 650.

3. Einem im Afrz. sehr verbreiteten Gebrauche zufolge nehmen Intransitiva, besonders Verba der Bewegung und Ruhe ein reflexives Personalpronomen, häufig mit *en*, zu sich (H. 74): *repairier: dont ne demourerent plus nostre gent illuec, ains s'en repairierent à Andrenople* 550; intransitiv: 555. — *issir: si commanda ke tout s'en ississent apriès lui* 504; intransitiv: 592, 673, 668, 686. — *combatre: et nos sommes combatu contre nos anemis* 578. — *gesir: le nuit se jut à un casal* 681: intransitiv: 590, 564. — *partir: et puis se parti de l'empereour à toute se feme* 557. — *déjeuner: et puis s'est un petit desjeunés de pain bescuit et de vin* 514.

Reflexiv, wie im Neufrz., doch nicht bei gleicher Bedeutung, sind: *se départir: Sirc, teus hom comme vous iestes, ne se doit mie si folement departir de ses homes comme vous à ceste fois vos en iestes departis* 512, 539. — *émouvoir: adont s'esmut de Salembrie. — passer: dont s'en passent outre pour leur poindre parfournir* 630. — *loger: si se logierent* 505, 514; *li os se desloga et s'arma* 524. — *herbergier: cele nuit se herbrega à le Rousse* 566; in seiner ursprünglichen transitiven Verwendung, die bei Villeh. fehlt (H. 75): *bien evussent eu mestier à celui point ke sains Juliiens les evust herbregiés* 575; ebenso 577.

Reflexiv sind ferner manche Verba, die später intransitiv gebraucht wurden: *feindre* (vgl. noch im 17. Jh. s. Littré): *et ki encore se faindra à cestui besoing, jà Dex de glore ne li doinst hounour* 535 — *partir: dont jura li empereres ke jà par son gré ne s'en partira nus* 550; 557, ib., 642. — *mouoir*, dessen späterer intransitiver Gebrauch jedoch vom Neufrz. wieder aufgegeben wurde: *apriès che, se murent les batailles molt ordenément* 525, 686; intransitiv ist es gebraucht: *il mut de Naples* 564, ib., 562.

Als Intransitiva stehen Verba, welche heute nur reflexiv sind: *noier: et bien saciés ke il en noiierent es fluns juskes à mil u plus* 553; *si ke à poi ke li sommier ne noioient dedens* 642. — *escrier: en escriant Saint Sepulire!* 539. — Im Infinitiv, wo das Reflexivpronomen der alten Sprache entbehrlich war: *et haste molt durement se gent de lever* 664; *commanda s'ost à logier* 504; *si l'en courint consirer* 514. *prendre* (= se prendre à): *dont s'arma de tout, et monta sor un cheval, et les prist à encaucier* 565, aber auch: *s'en prendent à fuir* ib.

Hieran schliessen sich noch einige Beispiele, wo in zusammengesetzten Zeiten die Form des Passivums statt des Reflexivums gewählt ist (H. 78): *et quant elles furent assemblées* 564, ib., 521; *or est li cuens des Blans-Dras acordés à l'empereour* 688; *et ensi furent tout acordé d'une part et d'autre; boin seroit ke il peussent faire par coi cele guerre fust apaisie* 667; *ke li solaus fu levés* 506; *le roiaume de Salenyke, dont il estoit saisis par cel anelet* 610. — Anm.: Auffallend ist das Hilfszeitwort in: *et si peust on bien avoir alé deus grans liues avant k'il fussent ens entre* 575.

Moden. Indikativ und Konjunktiv.

A. Für den Konjunktiv im unabhängigen Satze kommen folgende Unterarten in Betracht:

a) Derselbe erscheint im eigentlichen Sinne, nach den Klassen der realen und irrealen Wünsche; letztere sind in u. T. nicht anzutreffen: *or en soit en lor aïde li Sires* 532; *et ki encore se faindra à cestui besoing, jà Deu de glore ne li doinst hounour* 535; *or voelle Dex ke* 563; *or me doinst Dex tant viore ke* 646. — Oft ist, wie sonst im Afrz., der Konj. des Wunsches in einen appositiven Relativsatz gekleidet: *jou commenche à traitier ceste oevre, dont Dex me prest sens et forche et discrecion* 503; *ke se vous une autre fois vous embatés en autel peril (dont Dex vous gart!)* 512. — Mit diesen beziehungslosen Wunschsätzen hängen die Beteuerungsformeln zusammen, welche von Bischoff (der Konj. bei Chrestien p. 9) in vergleichend-korrelative mit *si* (vgl. lat. *ita-ita*), wobei das zweite Glied der Vergleichung sich nicht immer als solches kennzeichnet, sowie in konditionale mit *se* (Bisch. 10), eingeteilt werden: *et de moi ne vous cremés onkes, car jà (si m'aït Diex) enviers vous ne ferai vilonnie* 602; *si m'aït Dex! jou ne le poroie souffrir* 685. — *Lyenart! Lyenart! se Dex me saut!* 510, 512 etc.

b) Der Konj. bezeichnet eine Aufforderung, und dient, wie im Neufrz., zur Vertretung der fehlenden 3. Person des Imperativs (Haase, Konj. bei Joinv. Cüstrin 1882): *biaus Sire Dex, dist-il, plaise vous ke ...* 529; *por Diu souviegne-vous des prudomes* 534; *et ki dont en puet avoir, si en ait* 552; *sace bien l'empereres ke..,* 578, 667, 690; *et quant il les auront enquises, si en doinsent à cascun son droit* 581; *et cascune partie se tiegne à chou ke il en*

diront, ib., 570, 576. — Dagegen ist für die 2. Person, mit Ausnahme
jener Verba, welche keine besondere Form für den Imperativ haben,
avoir, savoir, être (Bisch. 13), überall bereits der Imperativ an die
Stelle des imperativischen Konj. getreten. Ebensowenig findet sich
der Konj. als Exhortativus in der 1. P. Plural (s. 1 B. bei Joinv. H. 2).
Wie aus obigen Beispielen ersichtlich, treten bei Val. die Kon-
junktive des Wunsches und der Aufforderung immer in selbstständiger
Form auf; die in der alten Sprache beliebte Einführung mit *mais
que* (Bisch. 17), mit bedingendem Sinne (= *pourvu que*) liegt nur
vor: *laissiés m'i aler, et entre vous et monsegneur i envoiés teus gens
por moi garder, dont vous en remeignes sans souspechon; mais ke
jou raie me tierre, et ke vous me pardonnés vostre mautalent* 617;
*et il lor donroit encore de le soie por acroistre le lor, mais k'il
fussent si home* 648; *car or primes se gariront-il à grant hounor,
si comme il dient, mais ke Dex lor gart l'empereour* 663. — Anm.:
Die wenigen übrigen Beispiele mit *mais que* sind in dem von Bisch.
§ 3 aufgestellten Schema unter Nr. b (*mais que = sans que*) zu subsumieren: *par me foi dont, n'i sui-jou autre cose, mais ke nous nos
aparellons per labourer eusi comme vilain* 585; *et s'il est ensi ke
nous nos entrochions en tel maniere, dont n'i a plus mais ke nous
avant renvoions Nostre Segneur* 588.

c) Von unabhängigen **Einräumungssätzen** (Bisch. 22) haben
wir nur anzuführen: *ne jà por chou ne feriesmes desloiauté de requerre apriès nostre raison, fust hui u demain, se nous en poiesmes
venir en point* 592.

B. Der Konjunktiv im abhängigen Satze.

I. Im Relativsatze.

Im **attributiven** Relativsatze stimmt der Gebrauch des Konj.
fast ganz mit dem Neufrz. überein. Einzelne Eigentümlichkeiten, die
das Neufrz. aufgegeben hat, betreffen zunächst den Konj. der Ei n-
räumung in f. Sätzen: *et le disent tout li nostre ke che fu uns de
cels ki là fussent, ki mius le fist* 654; *et bien voel ke vous suciés
ke jou puis mius l'empereour siervir, que nus ki soit en toute Ro-
menie* 693. „Der Hauptsatz ist negiert. Die Verneinung trifft aber
nicht den Artbegriff, welcher in seinem ganzen Umfange als wirklich
zugegeben wird, sondern lediglich das Verbum des Hauptsatzes"
(Bisch. 89). — Ferner: *et quant il fu montés, si armés et si aparelliés comme à lui convint, bien sambla prinches ki terre eust à garder*

et à maintenir 519. Dieses Beispiel ist dem von Bisch. 88 zitierten, gleichartigen, an die Seite zu stellen. Da hier „Ironie" ausgeschlossen ist, trifft die daselbst gegebene Erklärung zu: „Bei positiver Aussage, ist der Artbegriff nur angenommen, nicht als thatsächlich im Augenblick des Sprechens existierend hingestellt, steht der Konj." Bisch. 88.

In den **verallgemeinernden** Relativsätzen, über deren Form p. 28. gehandelt wurde, kommt bei Val. stets der Konj. vor. Anzufügen ist noch: *kiconques vous tiegne por sage, je vous tieng por fol.* 510.

II. Im Konjunktionalsatze.

1. Der Konj. des **Willens** steht der allgemeinen Regel gemäss nach den bekannten Verben des Wollens, Strebens, Zugeständnisses. Eine besondere Form des Nebensatzes bietet: *car molt desire le jor ke il l'ait espousée* 566. — Bezüglich des Modus verdient f. Fall Erwähnung, „bei welchem der Wunsch sich in einer Handlung äussert, welche auf ein positives Ziel hingeht" (Bisch. 32), und daher der Indikativ steht. Der durch *ce* gestützte Nebensatz ist von *à* abhängig: *et por Diu! pour chou, se tu sés les grans malaises ke nous soufrons là hors, por chou ne nous destraing mie à che ke nous faisons cose ki nos tourt à honte* 588; dagegen regelmässig: *mais nos ne sommes mie encore à chou mené ke nos voellons si tost pierdre chou ke nos avons conquesté* 578 (vgl. ein ähnl. B. bei Bisch. 32 a. — „Der Wunsch, es möge etwas nicht geschehen, verbindet sich mit einer darauf abzielenden Thätigkeit in den mit *garder que ne* und ähnlichen Ausdrücken eingeleiteten Zwecksätzen" Bisch. 32). Diesen Ausdrücken des Nichtwollens reihen wir an: *tenir* (= *retenir*), das im Afrz. in weiterem Umfange gebraucht wurde, als im Neufrz. (s. Lücking § 319, 1 A. 4): *cuens des Blans-Dras, te deust or avoir nus essoignés tenu ke ne fusses alés encontre ton droiturier segnor, et ke tu chaiens ne l'eusses herbregié et recuelli* 577; *et ne se pot tenir ke il au conte ne desist* 585 (= er konnte nicht umhin). — Damit ist auch der Übergang gegeben zu den Ausdrücken des Unterlassens, Unterbleibens (H. Konj. bei Joinv. 11): vgl. lat. intermittere non possum quin: *et dist ke jà por chou ne laira ke il n'i voist* 681; *et por chou n'est-il mie remés ke il n'aient mandé le marchis G. de Montferras ke il venist à eus* 603; *et por chou ne remest-il mie ke Cuenses de Biethune et li autre ki avoec lui furent noumé, n'alaissent avoec le conte a Cristople* 622; *et quant*

li empereres voit ke il n'en pora nul ataindre, por chou ne remaint mie ke il por traches ne les face sivir juskes au soir 565. — Endlich ist der Indikativ als gegen die neufrz. Auffassung verstossend zu beachten in dem Ausdrucke *il tient à q.* *que* (Lücking 319, 1. Anm. 3): *et bien saciés ke il ne demoura mie ou castelain ne en cels dou castiel ke il ne moru cele nuit de fain et de froid et de males aises* 569.

Nach den Ausdrücken der **Furcht**, sowie der **Aufforderung** ist der Konj. regelmässig; von letzteren hängt neben dem Finalsatz oft zugleich noch ein Aussagesatz ab, wodurch eine Art Zeugma entsteht: *Joffrois manda à l'empereour ke il aroit le bataille contre Burile le trahitour, et ke il chevauçast* 528; *et li dist ke il molt se fioit en lui, et ke il por Diu ne l'eslongust point* 529; ebenso: 646, 648, 508. — Die volle Negation ist zu beachten in: *et nonpor quant il fait deffendre ke on n'assaillie mie le castel* 569.

Nach den Ausdrücken des **Versprechens**, **Festsetzens** und **Übereinkommens** steht immer der Indikativ, weil der in der Zukunft eintretenden Thatsache dieselbe Realität eingeräumt wird, wie einer bereits eingetretenen. Beispiele: *avoir covenant ke* 601; *prendre consel ke* 505; *jurer ke* 550, 595; *esgarder ke* 561 etc.

Nach Ausdrücken der **Beurteilung** tritt der Konj. ein, wenn mit dem Urteile zugleich ein Wunsch des Urteilenden verbunden wird (Bisch. 41), z. B.: *droiz est ke* 632, 638, ib.; *boin est ke* 667; *il vaut mius ke* 588 etc. Wird dagegen im Nebensatz der thatsächlich vorhandene Grund ohne Tendenz angegeben, so steht der Indik.: *ciertes molt est laide cose et vilaine ke il est de chaiens furclos* 586 (*soit exclu* in Wailly's Übertragung). — Hiebei kann der beurteilte Satz auch die Form eines Temporalsatzes annehmen (H. 9): *moult est grans hontes à vostre oes quant li empereres est là hors hierbregiés par vostre defaillement* 582; 593 etc.

Die Wendungen des **Affektes** lassen in u. T. noch nirgends zur Angabe des Grundes der Gemütsbewegung einen Kausalsatz mit reinem *que* folgen (s. Bisch. 47); es treten dafür ein Temporalsätze mit *quand* (551, 634 etc.), die Konstruktion mit *de ce que* (508, 554 etc.), und die bedingte Form (besonders bei *se merveller* 514, 592 etc.

2. Bezüglich der mit **anderen Konjunktionen** als *que* eingeleiteten Finalsätze, Konsekutivsätze und Temporalsätze mit finalem

Sinn ergiebt sich überall Übereinstimmung mit den im Neufrz. massgebenden Gesichtspunkten. Von einer abweichenden Aufassung zeugt nur: *et tant atendi illuec ke tout furent assemblé* 504, wo im Neufrz. die Thatsache als Wunsch des in Rede stehenden Subjektes hingestellt werden musste (vgl. H. 10).

3. An die Verba des Geschehens, die in positiver Form den Indikativ regieren, schliesst sich nach afrz. Auffassung noch an: Wendungen, wie *il ne faut rien que ne* (H. 10): *non por quant li cos li coula sour le bras diestre, si ke poi s'en failli ke il ne li esloça et ke il ne trebuça jus dou cheval* 631. Dagegen steht der Konj. in: 504, 629.

III. Modus und Tempus in hypothetischen Sätzen.

Von den hypothetischen Sätzen, welche im Latein. den Konj. aufweisen, kommen für die ältere franz. Sprache nur diejenigen der Irrealität (3. latein. Fall) in Betracht. Vom 12. Jh. an jedoch gewinnt eine neue Modalform, der Konditionalis, im Folgesatze grosse Verbreitung und veranlasst auch im Nebensatze allmählich die Verdrängung des Konj. durch den Indikativ. In dieses Stadium ist auch die Sprache u. T. bereits eingetreten, wenngleich der Konj. in vielen Fällen, namentlich im Plusq. (= Konj. Imp.) sein Übergewicht behauptet. Die moderne Fügung: *si j'avais, je donnerais* erscheint z. B. 505, 508, 551, 582, 603, 614 etc.

1. Die bei Mätzner Gr. p. 322 besprochene Erscheinung, dass ein hypothet. Satzgefüge der Vergangenheit in Haupt- und Nebensatz das Imperf. Indik. enthalte, kann, mit Rücksicht auf ihren späten Ursprung (H. 94), in u. T. noch nicht vorkommen. Dagegen ist die Verwendung des Passé défini zu konstatieren, „wenn in der Form der Annahme eine zugegebene Thatsache bezeichnet wird, um sie zu begründen oder zu beurteilen" (Lück. 509, A.) Vgl. Mätzner Gr. 324. Die Beispiele aus u. T. sind: *et s'il orent auques grans sodées, bien les durent par droit avoir* 643; *et se Cuens de Biethune fu dolans, Nicholes de Mailli et Pieres de Douay ne furent mie mains* 579; ferner in der oft wiederkehrenden Wendung: *se elle auques en fu espoentée, che ne fu mie mervelle* 507.

Eine zu dem vorhin erwähnten Falle (Imperf. Ind. in Haupt- und Nebensatz) überleitende Konstruktion (für Joinv. s. H. 94) besteht in Folgendem: „der Nebensatz im Konj. Plusq. stellt eine Bedingung auf, die nicht erfüllt worden ist. Der Hauptsatz im Imp. Indik. (resp. Cond. s. B. 662) bezeichnet mit rhethorischem Nachdruck (für das Latein. s. Ellendt § 272, A. 1) eine Thatsache, die unter einer gewissen Bedingung eingetreten wäre, als eine wirklich eingetretene (eintretende, oder von der Zukunft mit Sicherheit zu erwartende) cfr. Diez III, 327: „*lo faceva, se avessi potuto*"; Bisch. 118: *si ont les Blas coisis ki tout estoient entalenté d'aus faire anui, s'il faire le pevussent* 515; *apriès che, se murent les batailles molt ordenénent, cascun* (sc. *estoit*) *garnis et apparelliés de son cors deffendre u d'autrui assaillir, se faire le convenist* 525; *il estoient bien laiens set ceus ki assés estoient fol, (el anious se il en evussent pooir)* 661; *mais chil de desus li jeterent d'amont pieres por lui acravenler, s'il le pevussent faire* 677; der Bedingungssatz hat die Form eines explikativen Relativsatzes; *et ki vausist es garder selon ses vecres, il aroit desiervi ore et autre fois ke on le pendist plus haut ke nul autre larron* 662. — Umgekehrt steht der Nebensatz im Indik., der Hauptsatz im Konj. (s. Bisch. 119): *car li flumaire estoient si roit, si grand, si parfont et si anious, ke se par les miracles de Diu n'i passoit-ou, nus hom n'en peust venir à chief* 563 (= *eût pu*). Das Imperf. Konj. ist nur in Abhängigkeit von einem Präteritum im übergeordneten Satze zu betreffen: *et lassierent avvec eus chevaliers et siergans, por chou ke se aucuns lor vausist mes faire par acenture, ke il s'en pevussent deffendre* 561; ebenso in einem nicht formal ausgesprochenen Bedingungssatze: *et por chou disoient li Grifon ke che ne fust mie legiere cose de lui cachier hors de le tierre* 567.

2. Für den älteren Fall, Konj. in beiden Satzgliedern des hypothet. Satzgefüges müssen wir mit Rücksicht auf die bekannte, seiner Etymologie entsprechenden, plusquamperfektischen Bedeutung des Imperf. Konj. folgende Unterabteilungen unterscheiden:

1. Imperf. Konj. = Plusq. Konj. in beiden Satzgliedern. Diese bei Joinv. (H. 96) bereits ausgestorbene, älteste Konstruktion ist in u. T., wie bei Villeh., noch öfters zu finden: *car s'il avenist ke vous i fussiés mors u pris, ne fussiemes-nous tout mort et deshouneré* 512; *car se tout chil ki sont en Roumenie fussent encontre Burille, et si evussent en lor aie tos cels de Flandre, n'i pevussent il jà riens conquerre, se Dex proprement ne lor aidast* 507; *et s'or ne remansist li bataille de le partie des Blas et des*

Commains, bien croi ke de le nostre partie ne r e m a n s i s t elle pas
519; *et nonporquant, se il ne f u s s e n t si travellié comme il estoient,*
volentiers f u s s e n t assemblé 521; *car s'il f e s i s s e n t samblant de*
fuir, et Buriles v a u s i s t apriès lui ardoir le terre, sachiés bien ke
je n'eusse nul fianche en nostre repaire; ains f u s t cascuns de nous
pierdus 529; *ceste cose ne f u s t mie bien partie, se Dex n'i m e s i s t*
consel 543; *mais se il en ceste esperanche le f e i s s e n t, che f u s t*
auques priès de raison 562; *se il evust en Pieron Vent autant de*
loiauté comme il avoit de trahison, mervelleusement f e s i s t à prisier
d'armes 631; *s'assamblerent entour une grant nef lequelle il e m -*
m e n a s s e n t volentiers s'il p e v u s s e n t 664. — Der Bedingungssatz
hat die Form eines explikativen Relativsatzes angenommen (Bisch. 115):
il fu si durement estains d'ire ke il ne d e s i s t un mot cui li d o n -
n a s t grant cose 650; *ki dont f u s t là, molt peust veir aprement*
paleter et bierser les uns contre les autres 507; *ki là f u s t à cel*
point, assés p u s t veir 525.

2. Beide Glieder zeigen das zusammengesetzte P l u s q. K o n j.:

et se Dex e v u s t c o n s e n t i ke nostre gens f u s t venue quatre
jors avant tant seulement, tout chil ki manoient de là le Bras, er u s -
s e n t e s t é pris 553; *ains le fiert de l'espée, en tel maniere ke se*
il ne se f u s t s o u s p l o i é s desoz le cop, il ev u s t esté m o r s 631;
et s'il un poi se f u s s e n t plus h a s t é de venir au pont, bien evus -
s e n t r e t e n u e le plus grant partie de lor gent 656; *il alerent se-*
courre le grant nef, ki bien eust esté t r a i t e, se li Capidet ne f u s -
s e n t, et se nostre François n'e r u s s e n t m i s consel 665 (gehört
wegen des 1. Nebensatzes auch zur f. Nummer).

3. Der bedingende N e b e n s a t z steht im I m p e r f. K o n j. =
P l u s q. K o n j., der bedingte H a u p t s a t z im z u s a m m e n g e s e t z t e n
P l u s q. K o n j.:

si evust est é pris sans faille et r e t e n u s, se li empereres
ne f u s t 508; *se Ravans ne f u s t, jà li empereres ne f u s t issus*
de Negrepont sans damage rechevoir de son cors 686. — Ferner in
unvollständigen Satzgefügen, nach komperativem *comme* (Bisch. 117,
unten): *il i ot assés joie et solas, et tout ausi c o m m e on les p u i -*
s a s t en une fontaine ù il sourrissent 557.

4. Für I m p e r f. K o n j. = Plusq. im H a u p t s a t z e, Plusq.
K o n j. c o m p o s i t. im N e b e n s a t z e

lässt sich aus u. T. nur f. B. beibringen: *et non por quant, s'il i fust remés, trop fust vilaine cose à nous* 513. — Wohl aber findet sich das Imperf. Konj., resp. Plusq. Konj. in Hauptsätzen, zu welchen der a) eine nicht erfüllbare, b) eine nicht in Erfüllung gegangene Bedingung enthaltende Nebensatz zu ergänzen ist (s. Bisch. 119). ad a): *li noise i estoit si grans de toutes pars, ke on n'i oïst mie Diu tonnant* 526; *si l'en plus laidengié et dit de honte ke jou ne deusse* 513; *car toutes ovies oïst il leur renonc volentiers* 648; *et Ravans issi à moult grant doute dou vaissiel; mais il ne li convenist pas douter* 668; *et quant il entra en Thebes, dont pcoussiés oïr un si grant polucrone* 672. — ad b) *bien eussent eu mestier à celui point ke sains Juliiens les eoust herbregiés* 575; *cuens des Blans-Dras, te deust ore avoir nus essoignés tenu ke.. 577; et si peust-on bien avoir alé deus grans lieues avant k'il fussent ens entré* 575. In den letzten 2 Beispielen ist die Vollendung durch den folgenden Infinitiv ausgedrückt (s. H. 98).

IV. Umschreibungen.

1. Die Umschreibung des einfachen Verbums durch *être* mit dem Gerundium resp. Partiz. präs. erhält sich bis ins 17. Jh. (H. Garnier 47): *por Diu, gardés ke vous jà por chou ne soiiés ombraye vers lui, ne changans de vostre talent, ne vilaine* 558; *et faites si ke vous n'i soiiés pierdant* 582. Fast rein adjektivisch ist es an f. Stellen: *si soiiés simple, douche, deboinaire, et soufrans tant comme vostre maris vaudra* 558; *cascuns estoit convoitans et desirans de conquerre ses anemis* 527; *car molt estoit desirans à avoir le bataille* 528; *si en estoit auques dolant et desconforté* 511; 567, 551, 593; *comme aparant fu* 633; *li cuens en est molt joians en son cuer* 615, 660; *là ne fu mie Gossiaus li Moines laniers, ains s'i maintint comme chevaliers preus et aidans* 653.

2. *Aller* mit dem Gerundium wird bis auf Corneille im Sinne des einfachen Verbums gebraucht (H. Garnier 46); in u. T. verbindet es sich meist nur mit einem anderen Verbum der Bewegung (ebenso Villeh. u. Joinv. s. H. 101): *et l'empereour meismes ki vait ses batalles ordenant et destraignant de l'une partie* 525; *et li empereres Henris vait se gent sermonnant d'esciele en esciele* 527; *cels ki devant broçoient et aloient caçant* 542; *et quant*

Pieres Vens rit ke Baudouins l'aloit si apriessant 631. — Aber
auch sonst, wo sie heute nicht immer angewandt würde: *et quant li
empereres entent comment Pieres de Douay le vait reprendant
pour s'onnour* .. 513; *dont ront entre els no baron devisant* 549;
sire, k'ales-vous chi plaidant 530; *se nous alommes rancunant*
586; *Baudouins de Loriel ne le ra de riens espargnant* 631. —
Mit *venir* nur: *le gent Burile ki renoient huant et glatis-
sant* 528.

V. Der Infinitiv.

1. Im Afrz. ist die **Substantivierung** des Infinitivs allgemein;
sie erhält sich noch in ausgedehntem Masse bis ins 16. Jh. (s. H.
Garnier 53), in vereinzelten Fällen, wie bei souvenir, vouloir, pou-
voir etc. ist sie selbst im Neufrz. anzutreffen. Aus u. T. sind folgende
Stellen zu entnehmen:

a) Der Infin. in Verbindung mit dem bestimmten Artikel, wobei
sich jedoch nie das Hinzutreten des Subjektes, Objektes, oder einer
präpositionalen Ergänzung zeigt (vgl. H. 102, 103): *nonporquant ou
juer ne ou rire ne ou solaciier ne gist mie toz li maus; ne
toz li biens ne regist mie ou plourer, ne el simple habit, auchois
gist ou cuer de cascun* 502; *au commencier* 535; *se che renoit
à l'assembler* 522; *si se metent au fuir* 629, 540; *et puis lor
dist k'il pensassent dou bien faire* 516; *au departir* 675. —
Ohne Artikel: *mais tant i a ke il a eu un poi de destourbier*
666. — Mit Adjektiv: *moll avoit grant desirrier de trouver son
anemi* 506; *il ne desiroient mie moll lor assembler* 628; *dont
s'en passent outre pour leur poindre parfournir* 630; ib.; *or me
doinst Dex tant virre ke* 646.

b) Aus dieser substantivischen Natur des Infin. erklärt sich die
Erscheinung a) dass das durch ein persönliches Fürwort auszudrückende
Objekt nicht gesetzt zu werden braucht (H. 101, 14): *il allerent secourre le grant nef, ki bien eust été traiste, se li Capielet ne fussent,
et se nostre François n'evussent mis conseil au secourre* 665 (au =
à li, nicht à le, da sonst nirgends in u. T. die Kontraktion von de
oder à mit dem femin. le vorkommt); *c'est niens ke il mais aient pooir
del relever* 539; *il saut sus et haste molt durement se gent de lever*
664; *et nostre gent se retraient arriere sans encaucier* 521. — b) dass
der aktive Infinit. passiven Sinn hat (H. 107), wie (nach *sans*) in:

ains s'en repairierent à Andrenople sans destourbier 550; *chou
est damages sans restorer* (neufrz. *à ne pas réparer)* 513; *chil ki
passeroit cel flun sans moillier* 567.

2. Der **Subjekts-Infinitiv**, welcher einem mit *être* eingeleiteten
Prädikate folgt, findet sich im Afrz. selten als reiner Infinitiv (Franz.
Stud. I, 405); dagegen wird *de* besonders angewandt, wenn das Beziehungswort neutral gebraucht, und mit dem Verbum substantivum
verbunden ist, wie in *laide chose, legiere chose est de; poi, bel est
de,* von dem Thun her, in Betreff des Thuns ist es ein Hässliches,
Geringes etc. (Franz. Stud. I, 404). Für Villeh. ist kein Beispiel belegt .worden, häufig sind diese Fälle jedoch bei Joinv. zu beobachten
(H. 103, 144). Wir finden nur: *et por chou disoient li Grifon entre
els ke che ne fust mie legiere cose de lui cachier hors de le
tierre* 567. Den Ausgangspunkt für diese Konstruktion bilden Sätze
wie: *bone chose est de pais* (H. 106). Vielfach zeigt sich diese ursprüngliche Form bei Val. noch in Sätzen, wo das Subjekt nicht in
der Form eines Infinitivs, sondern als vollständiger Subjektsatz mit
chou ke auftritt, z. B. *molt est grans li mesproisons por vous et li
desraisons, de che ke il onkes le fu (= fu fourlos)* 586; *de chou
ke vous iestes acreu, est-il biel à monsegneur* 576. — Analog ge-
bildet ist: *ne jà por chou ne feriesmes desloiauté, de requerre
après nostre raison, se nous en poiesmes venir en point* 592, wobei
der Begriff *desloiauté* logisch genommen eine prädikative Ergänzung
zu *requerre* bildet, mit dem Sinne von: es wäre von unserer Seite
keine Unredlichkeit, wenn wir etc. — Die moderne Konstruktion *il
est* mit prädikat. Adjektiv und folgendem *de* mit Infinitiv zeigt sich
bei Val., wie auch bei Villeh. (H. 104) noch niemals. An ihre Stelle
ist der Infinit. mit *à* als nähere Bestimmung zum Adjektiv gesetzt,
z. B.: *plus* (sc. *nos anemis) en sont legier à desconfire* 535, 693 etc.
3. Als **Subjekt unpersönlicher Verba** zeigt Val. bei *estuet*
und *il convient* nur den reinen Infinit., mithin den ursprünglichen Gebrauch (H. 104): *combatre les estuet par forche* 629; *si l'en convint consirer* 514, 638, 668. — *plaire* hat den Infinit. mit *à* (Franz.
Stud. I, 402) *et s'il vous desplait à sejourner al Corthiac* 649.
In anderen Fällen ist schon das moderne *de* eingedrungen: *jou ne
voell mie k'i tourt à aucun à anui de tant traitier sor mon prologhe* 503; *anuis seroit de raconter* 656.
4. Als **Objekt der modalen Hilfsverba** ist zu erwähnen: *et*

tent vous sai-ge bien por voir à dire 555, was Franz. Studien I. 382 als konsekutives Verhältnis erklärt wird (= ich weiss es so, dass ich es sagen kann).

5. Die Verba des Wünschens werden im Afrz. mit *à* verbunden, „da hiedurch das ihnen innewohnende Streben nach einem Ziele, mithin eine Bewegungsrichtung zum Ausdruck gebracht wird; manchmal jedoch wird der Infinit. nicht als das Ziel, sondern als der Ausgangspunkt des Regensinhaltes gedacht und mit de angeknüpft" (Franz. Stud. I, 388): *il s'en bée bien à vengier* 569; *car jou i menrai Pieron Venl, par cui jou les bé bien à ravoir* 616; *car moll estoit desirans à avoir le bataille* 528; daneben *de,* das erst vom 12. Jh. an und zwar vereinzelt begegnet (ib. 388): *desirans de proeche faire* 517; *desirans de conquerre ses anemis* 527; ebenso: 692, 542.

6. Von den Verben des Denkens erscheint *penser* mit *à* in demselben Sinne, wie heute (H. 105): *tos li mons s'esmervelloit quel cose il pensoit à faire* 564; daneben: *lor dist k'il pensassent dou bien faire* 516 (regelmässig nach Franz. Stud. I, 387); vgl. *adonl se rapenserent d'un autre harat* 604.

7. Die Verba des Befehlens, Versprechens und Ermahnens haben meist den Infin. mit *à.* Beispiele sind selten, wie denn überhaupt bei Val. die Infinitivkonstruktion durch Konjunktionalsätze starke Beeinträchtigung erfährt: *et li jura à porter foi et loiauté* 546; *et si jurerent à maintenir le droit de le dame, et le droil de l'enfant tout autresi à garder* 596; *si li rent s'espée et fianche prison à tenir* 631; *et commanda s'ost à logier* 504; *ensi preece li empereres ses homes et amonieste de bien faire* 517.

8. Nach *laissier* = unterlassen findet sich bei Villeh. nur der Infinit. mit *à* (H. 106); doch tritt auch der reine Infinit. hinzu, wie aus Franz. Stud. I, 380 hervorgeht. Wir fügen bei: *et tant li manderent ke il en laissierent le mander, et disent* 599. Auch hier ist der Infinit. substantivisch, und daher *le* als Artikel zu betrachten. (Frz. Stud. I, 380, Anm.). — Mit *à: mais à tant laisse ore li cuntes à parler de lui* 626.

9. Von den Verben des Bewirkens und Zulassens ist besonders *faire* mit *à* und Infinit. zu erwähnen; die beliebtesten Verbindungen sind mit *savoir* (= kund und zu wissen thun), *entendre* und *demander* (Franz. Stud. I, 398; letzteres Verbum fehlt); in ein-

zelnen Fällen erscheint auch der reine Infinitiv: *il lor fist à savoir ke* 640; *et vous fait à savoir* 666, 576; *tant ke ceste cose soit faite savoir à Joffroi* 668; *dont dist à Michalis ke il le fera savoir à l'empereour* 694; *on m'a fuit savoir* 608; *s'il fu esmaiés, che ne fait pas à demander* 552 u. oft, 557, 569, 591, 686. — Ausserdem kann in solchen Fällen auch das Gerundium eintreten; einmal sogar in Abhängigkeit von der Präposition *à* (vgl. H. 108, der nur *faire entendant* konstatiert): *Sire, on me fait à entendant ke vous avés une fille* 547; *et por chou ke on m'a fait entendant ceste cose por voire* 608; *Segnor, on me fait entendant ke* 689. — Das in Franz. Stud. I, 383 behandelte *faire à* Infinit. ist in u. T. vertreten durch: *se il evust en Pieron Vent autant de loiauté comme il avoit de trahison, mervelleusement fesist à prisier d'armes* 631. — An das oben erwähnte *faire* schliesst sich kausatives *laisser* an: *et chou ke il nous respondera; nous le vous lairons à resavoir chaiens* 590; *et puis li relaira savoir au plus tost qu'il pora* 694.

10. Die Verba des „R ü s t e n s, des sich A n s t r e n g e n s" lassen im Afrz. eine doppelte Konstruktion zu „je nachdem die von ihnen ausgehende Bewegung eine Ziel- (Infinit. + de), oder eine Zweckbewegung (Infinit. + à) darstellt (Franz. Stud. I, 392); hieher gehören: *et retourne à Burille ki s'aparelloit d'entrer en le terre l'empereour* 686 (rüstete sich in Betreff des Eintretens); *cascun garnis et apparelliés de son cors deffendre* 525; ebenso: 596, 627; *et chou ke no François véoient ke il se travelloient de lor proies mener en Cristople* 628; *et molt se travellierent de drechier les escieles au mur* 676; *car nostre gent se penoient d'els aprocier au plus ke il pooient, et d'aus fourclore* 627; *se vous de retenir s'amor vous penés* 555; *et li mandoit ke il li envoiast trente chevaliers, por che ke Lombart s'ahatissoient de venir sor lui et de prendre dou sien* 637; *car li empereres s'afiça bien d'aus destruire selon son pooir* 670.

11. „Bei Verben der B e w e g u n g wird im allgemeinen der reine Infinit., zur Hervorhebung der Zweckbestimmung *por* verwandt" (Franz. Stud. I, 368). So auch bei Val.; nur e i n m a l ist zum Ausdruck der Bewegung auch *à* gesetzt: *et quant vint a l'aprochier* 509.

VI. Partizipia und Gerundium.

1. Das Partizip Präs. und das Gerundium.

Die alte Sprache schied das veränderliche Part. Präs. stets von dem unveränderlichen Gerundium gleicher Form. Ersteres kam vor dem 14. Jh. nur bei intransitiven Verben und zwar meist in adjektivischer Funktion vor (Beispiele s. p. 45). Als reines Partizip findet es sich nur selten: *a tant es vous Burille v e n a n t o trente-trois mile homes* 532; *après tout chou vint chil Esclas à l'empereour, et le trova s ć a n t en se tente* 546; *li noise i estoit si grans de toutes pars, ke on n'i oïst neis Diu t o n n a n t* 526; *puis vont au lavement de conféssion, p l o u r a n t en vraie repentanche de cuer, et s o u s p i r a n t* 502. — Sehr häufig ist dagegen das Gerundium intransitiver Verba, und zwar in den p. 45 angeführten Umschreibungen. Unter jenen Umschreibungen befinden sich, im Gegensatze zu Villeh. (H. 108) auch einige Beispiele von transitiven Verben mit einem Akkusativobjekt, während ein transitives Partizip mit einem Objekt nicht belegt werden kann. — Über das Gerundium in der absoluten Konstruktion s. p. 8.

Das Gerundium trat, wie schon erwähnt, im Afrz. vielfach an die Stelle des Partiz. Präs., es wurde auch als Objekt eines transitiven Verbums, und abhängig von anderen Präpositionen als *en* gebraucht, was vom 16. Jh. an nicht mehr vorkommt (H. Garnier 60); wie aus den p. 45 ff. zusammengestellten Beispielen ersichtlich, bewahrte dasselbe neben seiner substantivischen Natur auch noch seine verbale Kraft. Im ganzen findet es in u. T. noch keine häufige Verwendung. Als Objekt hat es sich in der Wendung *faire semblant* bis heute erhalten: *et chil k i chi fera m a u v a i s s a m b l a n t* 534; *car s'il f e s i s s e n t s a m b l a n t de fuir* 529. — Das Gerundium mit *en* erscheint nur: *en p e r s e v e r a n t en lor errour* 502? Mit: *à: on me fait à e n t e n d a n t ke* 547 etc. Mit *par: et hien voient ke se il par sens u par engien u p a r t r e u a g e d o n n a n t, n'entrent en le chit', toz les i convenra morir* 579.

II. Das Partizipium Perfekti.

In Verbindung mit *avoir* kongruiert das Partizipium stets mit dem vorausgehenden Objekt, wenn dasselbe ein Pronomen personale oder relativum ist. Ist das vorausgehende Objekt ein Substantiv, so sind 2 Stellungen zu beachten: a) Obj. — Hilfsztw. — Partiz.:

tel trahison avoit empensée Rollans 640. Diese Konstruktion findet sich noch: 609, 636, 647, stets mit Kongruenz. — b) Partiz. — Hilfsztw. — Obj. ist bei Val. durch kein Beispiel vertreten. — Nicht ganz analog (H. 110) ist: *chil Sire ki fais les avoit à se propre samblanche* 516. — Sehr häufig kommt im Afrz. und Mittelfrz. das Objekt (Subst.) zwischen Hilfsverbum und Partiz. zu stehen, in welchem Falle auch bei Val. stets Kongruenz stattfindet: *il orent nos fourries arestés* 515; ebenso: 551, 562, 575, 576, 611, 624, 626, 647, 660, 668 (ié-iée). — Folgt das Objekt dem Partiz., so lässt sich schon im 13. Jh. eine Neigung, die Kongruenz zu vernachlässigen, nachweisen (H. 110). Bei Val. sind die Fälle a) der Nichtkongruenz (12) schon ebenso zahlreich als die b) der Kongruenz (10): die Belege sind ad a): 531, 539, 541, 543, 550, 597, ib., 603, 561, 632, 645, ib. — Dass sich darunter auch Beispiele mit *fait* befinden, ist irrelevant mit Rücksicht auf dessen Veränderlichkeit in: 570, 573, 668 etc. — ad b) 505, 517, 526, 532, 576, 585, 608, 609, 665, 656. — Unentschieden bleibt: *li cuens devoit demourer deviers l'emperreis juskes à tant ke elle evust mise les soies garnisons dedens* 609, wo entweder *mis*, oder *mises* zu lesen ist, wofern man nicht eine irrtümlich gedachte Beziehung auf das Subjekt annehmen will.

VITA.

Paulus Hermannus Ernestus Arthurius Jahn natus sum die XXII m. Mart. a. h. s. LVIII in oppido quod Schneidemuehl nominatur patre Hermanno quem morte praematura ereptum valde lugeo, matre Henrietta e gente Koch. Fidei addictus sum evangeliae. Litterarum elementis imbutus scholam realem Fridericianam Berolinensem per novem annos frequentavi. Maturitatis testimonium adeptus exeunte aestate a. h. s. LXXVII. in studia architecturae Berolini per quatuor semestria incumbere coepi. Deinde civis fui universitatum Berolinensis et Halensis, ubi per sex semestria studiis linguarum recentium operam dedi.

Magistri mei doctissimi fuerunt Berolini: Bresslau, Feller, Müller, Napier, Tobler, Wattenbach, Zeller, Zupitza; Halis: Aue, Elze, Haym, Herbst, Suchier, Wiechmann. Benevolentia Hermanni Suchier mihi contigit ut per duo semestria semenarii Romanici essem sodalis. Quibus omnibus viris, imprimis Hermanno Suchier, de studiis meis optime meritis gratias ago quam maximas.

Thesen.

I.

Das uns erhaltene altfranzösische Rolandslied gehört dem XI. Jahrhundert an.

II.

Das it. guidare; sp. pg. guiar; pr. guidar, guizar, guiar; fr. guider ist nicht lateinischen (vgl. Settegast Romanische Etymologien, in Vollmöller's „Romanische Forschungen 1882") sondern germanischen Ursprungs.

III.

In Heinrich IV., I. Theil I, 15:

„No more the thirsty e n t r a n c e of this soil
Shall daub her lips with her own children's blood;"
ist keine Verderbniss anzunehmen.